Robert Schäfer

Schier-

stein

einst und jetzt

© 2021, Robert Schäfer
Herstellung und Verlag: BoD – Books on Demand, Norderstedt
ISBN: 9783754316863

Inhaltsverzeichnis

Der Reichsapfel

Der Reichsapfel fand bereits um 1530 im ersten Gerichtssiegel der Gemeinde Schierstein als Symbol Verwendung. Es ist anzunehmen, daß er auch schon vorher im Ortszeichen vorhanden war und er ist heute noch das Wappen unseres Stadtteils Wiesbaden-Schierstein. Da der Reichsapfel zu den Kleinodien der deutschen Kaiser und Könige gehörte, weist er auf die Tatsache hin, daß die Schiersteiner Gemarkung in dem „Cuningis-hundra" oder auch Königssondergau lag. Schon seit der Landnahme der fränkischen Könige um das Jahr 500 diente der Königssondergau deren Haushaltsführung. Alle Liegenschaften innerhalb der Grenzen dieses Gaues waren nur der Verfügungsgewalt des Königs unterworfen. Dazu gehörte auch die Kirche in Schierstein, die damit als königliche Eigenkirche anzusehen war. Der dicht dahinter liegende große Karolingerhof (zuletzt Zehntenhof genannt) zählte ebenfalls dazu. Aus diesen Eigentumsverhältnissen erklärt sich die erste urkundliche Erwähnung Schiersteins, denn in seiner Regierungszeit von 843 bis 876 schenkte Ludwig der Deutsche dem Benediktinerkloster Blidinstat (Bleidenstadt) den Zehnten der Kirche in Schierstein. Es ist möglich, daß damals dem Kloster nicht nur der königliche Zehnte, sondern auch der Königshof zugefallen ist. Da die erwähnte Urkunde kein genaues Datum trägt, nehmen wir ungefähr die Mitte der Regierungszeit Ludwigs des Deutschen 860 an, weil er sich in jener Zeit in unserem Gebiet aufhielt. Noch bis ins hohe Mittelalter gehörte die hiesige Gemarkung zur Krondomäne der deutschen Kaiser und Könige. Wenn auch schon zu dieser Zeit beträchtliche Stücke durch Schenkungen zerstreut waren, besaßen die Herrscher hier noch ausgedehnte Rechte. So schenkte Kaiser Otto II. im Jahre 973 dem Kloster Hilwartshausen an der Weser eine Hofstätte und Weinberge in Scerdestein mit einem Ertrag von jährlich vier Fudern Wein, Kaiser Otto III. gab dem Domstift zu Augsburg um das Jahr 990 ein Gut in Shertistein. Auch Kaiser Heinrich II. bestätigte 1018 dem Kloster St. Michael bei Bamberg den Besitz von Gütern in Scerstein und im Dezember 1098 übergab König Heinrich IV. dem Simeonsstift in Trier Güter in Scerestein und Muscebach (Mosbach). Ab dem 15. Jahrhundert hieß unsere Gemeinde endgültig „Schierstein", damals noch ohne „e", später jedoch mit „ie" geschrieben. Das berühmte Kloster Eberbach im

Rheingau besaß ebenfalls Land in der Schiersteiner Gemarkung und nutzte es zum Ackerbau und für den Weinbau. Bei den vorgenannten Schenkungen ging es fast immer um die Beschaffung von Wein für die kirchlichen Zeremonien. Damals benötigte die Kirche für das tägliche Messopfer eine Menge Wein. Daraus ist ersichtlich, daß der Schiersteiner Weinbau in der Zeit um 1000 n. Chr. recht erheblich und sehr bekannt gewesen sein muß. Es wurden in jener Zeit etwa 350 Morgen Weinland bearbeitet.

Daß zum Beginn der Neuzeit der Weinanbau in Schierstein immer mehr zurückging, lag nicht an der Minderung der Qualität oder an Absatzschwierigkeiten, sondern an den Kriegen. Durch Truppendurchzüge und Belagerungen der Schweden, Franzosen, Kroaten, Spanier und der deutschen Söldner wurde ein großer Teil der Rebstöcke zerstört. Die Landsknechte begnügten sich nicht damit, den Wein in den Kellern der Einwohner auszutrinken, sie hackten einfach die Rebstöcke aus und verfeuerten sie in ihren Wach- und Lagerfeuern. Daher war die Bevölkerung gezwungen, dieses Land mit schneller wachsenden Feldfrüchten zu bestellen.

Aber zurück zum eigentlichen Thema. Das um 1530 benutzte Gerichtssiegel zeigte auf quergeteiltem Wappenschild oben das Brustbild des steigenden Nassauischen Löwens und unten den Reichsapfel mit der Umschrift: „Sig des Gerichts zu Schirstein".

Seit 1816 ist nur noch der Reichsapfel im Gemeindesiegel vorhanden. Die folgende Abbildung des Gemeindesiegels aus dem Jahre 1842 zeigt dies mit der Umschrift: „Herzogthum Nassau Gemeinde Schierstein". Das Original hat einen Durchmesser von 32 mm.

Auch die an den Gemarkungsgrenzen aufgestellten Grenzsteine, meist aus Sandstein, zeigten auf der nach unserer Gemeinde ausgerichteten Seite oben ein großes „S" für Schierstein und darunter den Reichsapfel. Auf der gegenüberliegenden Seite war beispielsweise in Richtung Dotzheim ein großes „T" eingemeißelt. Wenn das Siegelbild und der Reichsapfel farblich dargestellt wurden, dann waren natürlich die Farben des Gemeindewappens blau für den Schild und gold oder auch goldgelb für den Reichsapfel und den Sparren gezeichnet, die im Übrigen mit den altnassauischen Farben übereinstimmen.

Wie gelangte der Sparren in unser Gemeindewappen? Hierbei handelt es sich um zwei nach unten aufeinander zulaufende Balken, ähnlich einem großen „V" oder einem umgestürzten Dachsparren. Es gibt dafür

6

Abb. 1: Gerichtssiegel um 1530   *Abb. 2: Gerichtssiegel von 1842*

zwei Erklärungen: „Nach der ersten und wahrscheinlicheren Version soll der Schultheiß Contz Wendelinck vor 1530 sein eigenes privates Siegel zur Besiegelung von amtlichen Urkunden verwendet haben." Auf einer solchen, von ihm am 14. März 1507 bestätigten Urkunde, findet man den oben erwähnten Sparren mit einem fünfspitzigen Stern in der Mitte. Warum er sein eigenes Siegel verwendete, ist nicht bekannt. Vielleicht war lange Zeit kein reisender Stempelschneider durch die Gemeinde gekommen, oder man glaubte die Kosten für ein neues Siegel sparen zu können. Auf jeden Fall blieb von da an der gestürzte Sparren unter dem Reichsapfel in unserem Gemeindewappen.

Nach der zweiten Erklärung sei der Sparren nur deshalb in das Wappen von Schierstein aufgenommen worden, weil sich das Zeichen von anderen Ortschaften und Städten unterscheiden sollte, die ebenfalls einen Reichsapfel als Symbol führten. Diese Städte und Orte sind z. B. Bad Soden und Oberwallmenach.

Noch heute begegnet dem aufmerksamen Bürger und Besucher des Stadtteils Wiesbaden-Schierstein an vielen Stellen der Reichsapfel. Am Rathaus, am Giebel des hinteren *Abb. 3: Gemeindewappen*
Hafenschulgebäudes, an Privathäusern, ja sogar in den Kapitellen an den Eckpfeilern der Christophoruskirche befinden sich kleine Reichsäpfel. Auch das Haus Reichsapfel und die

Reichsapfelstraße erinnern an das Symbol im alten Gerichtssiegel und im Gemeindewappen. Das Haus „Zum Reichsapfel" an der früheren Heerstraße Mainz–Schwalbach, im Jahre 1609 erbaut, hat heute noch über der Eingangstür ein großes geschnitztes Wappenschild. Außer der Jahreszahl trägt es links und rechts oben je ein Wappenschild mit dem Reichsapfel. Darüber hinaus sind folgende Wappenteile dargestellt: Das Stammwappen von Nassau, der Grafschaft Moers, der Grafschaft Saarwerden und der Grafschaft Saarbrücken. Das gespaltene Mittelschild zeigt auch das Wappen der Herrschaft Mahlberg aus Baden. Jeweils unter den Reichsapfelschildern befinden sich zwei Wappen des bürgerlichen Ehepaares, das im Jahre 1609 das Gasthaus „Zum Reichsapfel" bauen ließ.

Abb. 4: Hauswappen mit Reichsapfel

Während des dreißigjährigen Krieges wurde Schierstein völlig zerstört, nur der „Reichsapfel" und das schräg gegenüberliegende Rathaus blieben verschont, weil hier die Generäle und Offiziere der Belagerer wohnten. Im 18. Jahrhundert ging das Haus „Reichsapfel" in Gemeindebesitz über. Es diente nun als Herberge und Dorfkrug zugleich. Nebenan stand das Gemeindebackhaus (auch Backes genannt), das im Jahre 1792 vom Bäcker Anton Schmidt übernommen wurde. Der „Reichsapfel" befand sich später weit über 100 Jahre im Besitz der Familie Klein.

Im Jahre 1908 verkaufte der hochbetagte Fritz Klein das Haus an die heutigen Besitzer, die Familie Siegert. Im Jahre 1942 schloß das bekannte Wein- und Gasthaus „Zum Reichsapfel" seine Pforte.

Abb. 5: Weinhaus Reichsapfel

Der Schiersteiner Hafen

Der Hafen in Schierstein, Mittelpunkt unseres weitbekannten Heimatfestes, ist als Zentrum des Wassersports und als Naherholungsgebiet der Hessischen Landeshauptstadt Wiesbaden nicht mehr wegzudenken.

Abb. 6: Der Schiersteiner Hafen, Luftansicht um 1985

Schon vor Urzeiten war an der Stelle, wo der Rhein bei seiner Wendung nach Westen den nördlichsten Punkt erreicht – am Stromknie – wegen des günstigen Klimas und der fruchtbaren Lößböden ein ideales Siedlungsgebiet. An den Südhängen der Taunusberge, geschützt gegen die kalten Nordwinde, ernährten sich die Anwohner Schiersteins hauptsächlich durch Acker- und Weinbau. Einige Familien bestritten jedoch schon damals ihren Unterhalt durch Fischfang in dem vorbeifließenden, fischreichen Strom. Dort, wo heute flinke Motorboote und schnittige Segelyachten die weite Fläche des Hafens kreuzen, Ruderer,

Kanuten und neuerdings die Drachenboote ihre Trainingsstunden und Rennen auf der Regattastrecke fahren, war noch am Ende des 17. Jahrhunderts dicht vor den Fischerkaten ein breiter, undurchdringlicher Schilfgürtel, der nur durch kleine Weidenwälder und Gestrüpp unterbrochen wurde. Weiter draußen im Fluß begrenzten vorgelagerte Inseln und Auen einen stillen Rheinarm, der etwa in Höhe der heutigen Regattastraße zwischen Biebrich und Schierstein vom Rhein abzweigte und bei Walluf sich wieder mit dem Strom vereinigte. Noch heute ist das untere Ende im Wallufer Segelyachthafen gut zu erkennen.

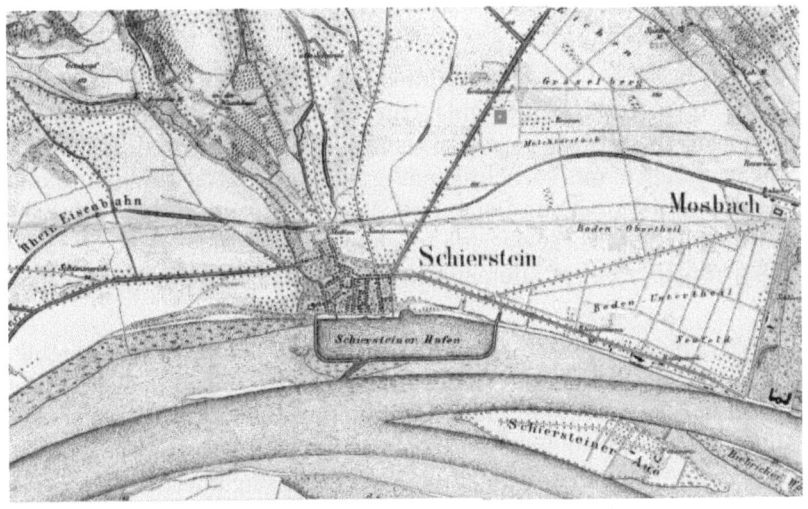

Abb. 7: Karte aus dem Jahr 1868

Zu Beginn des 19. Jahrhunderts verschwand allmählich der Schilfgürtel vor den Fischer- und Schifferhäuschen und nur wenige Meter trennten sie nun von der Wasserfläche. In dieser beschaulichen Zeit ohne Hast und Tempo zogen Pferde mit rauhen Schifferknechten auf dem Leinpfad, der noch 1832 bis 1833 unterhalb und oberhalb Schiersteins mit Steinen befestigt worden war, die Last- und Güterboote gegen den Strom. Zu Tal ging es mit gesetzten Segeln müheloser und schneller. In den zwanziger Jahren zeichnete sich jedoch schon das Ende dieser ruhigen Zeit ab. Mit der Entwicklung der Technik und dem Erscheinen der ersten Dampfschiffe war auf dem Rhein die verkehrstechnische Revolution ausgebrochen. Stampfend und qualmend tauchte am 17. September 1825, bestaunt von den

Schiersteinern, der erste Rheindampfer mit Namen „Rhein" vor unserem Heimatstädtchen auf. Er hatte für die Fahrt von Köln nach Mainz 28 Stunden und 6 Minuten gebraucht. Die Größe der Schiffe, die mit ihren Schaufelrädern mächtige Wellen an die Ufer schlugen, machte nicht nur kostspielige Regulierungs- und Ufer-befestigungsarbeiten, sondern auch eine Erweiterung der Fahrrinne im Binger Loch erforderlich. Durch die Sprengung eines Teils der gefährlichen Felsen im Flußbett erreichte man eine Vertiefung und Erweiterung der Durchfahrtsbreite bis zu 200 Fuß (etwa 60 Meter). Mit der Beseitigung dieser Barriere entfiel aber auch der Rückstau des Wassers zum oberen Rhein und der Wasserstand sank bei uns bis auf seine heutige Höhe ab.

Als man begann, 1852 einen Winterschutzhafen für Rheinschiffe und Kähne sowie einen Umschlagplatz für Holzflöße zu suchen, bot sich der Rheinarm von Schierstein durch seine günstige Lage geradezu an. Hier war es möglich, mit verhältnismäßig geringen Mitteln an Arbeit und Kosten, zwei Dämme im Osten und Westen, jeweils vom Festland her zu den im Strom vorgelagerten Inseln zu ziehen und so einen Schutz-hafen von über einem Kilometer Länge und 235 Meter Breite zu erhal-ten.

Im Westen des Rheinarms befanden sich in dessen Versandungsgebiet unterhalb der Schiersteiner Aue weitere kleine Inseln und Auen, die kleine Aue und die Niederaue, die im Volksmund auch Bauernaue ge-nannt wurde und so dicht am Schiersteiner Ufer lag, daß der schmale Durchlaß für das Rheinwasser mit einem Holzsteg überbrückt werden konnte. Im Jahre 1856 erteilte sodann die Herzogliche Nassauische Re-gierung in Wiesbaden der Wasserbauinspektion in Biebrich den Auf-trag, mit dem Bau des Hafens zu beginnen.

Zu diesem Projekt gab es natürlich auch kritische Stimmen. So konnte man in der Mittelrheinischen Zeitung vom 3. Januar 1857 lesen: *„Wir sollen von dem Rhein, mit welchem wir aufs Innigste verbunden sind, ge-trennt werden. In Schierstein wird kaum jemand gefunden werden, der nicht aufs Tiefste betrübt wäre. Man fragt sich mit Recht: Haben wir nicht ein historisches Recht auf den Rhein? Haben etwa unsere Vorfahren sich aus einem anderen Grund, als um den des Rheines willen hier ange-siedelt? Was soll aus unseren vielen Schiffern und Fischern werden? End-lich aber, was eine Hauptsache ist, wie wird es fortan um die Gesundheit in Schierstein stehen, wenn durch die sommerliche Sonne der Winterha-fen getrocknet und die Luft mit giftigen Dünsten erfüllt wird? Ist es nicht* *genug, daß schon jetzt durch den nahen Uferbau und die dort sich findenden sumpfartigen Ablagerungen das kalte Fieber hier so einheimisch geworden ist, daß kaum ein Tag im Jahr gefunden werden möchte, wo nicht Fieberkranke hier sind.*" Soweit ein Auszug aus einem Artikel der Mittelrheinischen Zeitung von 1857.

Trotz dieser Stimmen gegen den Hafenbau hier in Schierstein wurde das Projekt in Angriff genommen und die Leitung sowie die Überwachung der Arbeiten dem Wasserbauinspektor Preußer übertragen. Von der heutigen Rheingaustraße ab schüttete man im Osten von Schierstein quer zum Strom einen etwa 285 m langen hohen Damm auf, der in einem Bogen auf die östliche Spitze der Bismarksaue zulief. Die Aue hat ihren Namen nach ihrem damaligen Besitzer Graf Bismark-Schierstein, der zu jener Zeit das älteste und bekannte Hofgut, den Zehntenhof, besaß und bewirtschaftete. Die beiden flach auslaufenden Uferseiten dieser Aue wurden abgetragen und begradigt, so daß aus der ehemaligen breiten ovalen Form der Insel die langgestreckte, schmale Hafenbegrenzung verblieb, die heute noch besonders gut auf Luftbildaufnahmen des Hafens zu sehen ist (siehe Bild Seite 10). Auch auf der Insel führte man den hohen Schutzdamm bis zum westlichen Ende der heutigen Hafeneinfahrt fort und befestigte die steilen Ufer-

Abb. 8: Conrad Bechthold

böschungen des „großen Dammes", wie er von den Schiersteinern genannt wurde, an den Hafeninnenseiten mit Steinen. Auf der Krone des Dammes legte man einen breiten Fahrweg an, der mit dem heutigen Hafenweg an der ehemaligen Firma Scheidemandel AG beginnt. Die am Rande des großen Dammes angepflanzten Pappeln stehen heute bereits in der vierten Generation und sind das weithin sichtbare Erkennungszeichen des Schiersteiner Hafens geworden. Gegen den Wellenschlag und die Strömung des Rheins mußte jedoch auch die äußere Seite des Dammes, vor allem die Böschung im Osten,

13

geschützt werden. Hierzu wurde von dem östlichen Bogen des Hafendammes aus ein Steinwall schräg zu dem eigentlichen Uferstreifen zwischen Biebrich und Schierstein geführt, der in Höhe des heutigen Biebricher Bootshauses endete und damit schon hier den früheren alten Rheinarm verschloß. Das in diesen Kribben[1] stehende stille und sehr fischreiche Wasser war für unsere Fischer ein ertragreiches Fanggebiet. Hier warfen sie noch bis in die dreißiger Jahre des letzten Jahrhunderts ihre großen „Gezaarnetze-Zugnetze" aus.

Bei der Feier zur Schließung des Osthafens bei Schierstein auf Pegel 11 am 12. Juni 1858 wurde folgendes Gedicht des Hafenwächters Conrad Bechthold (1818–1902) vorgelesen:

Wir stehen um den Baum der Freude
Und jubeln hoch und danken laut.
Ein schweres Werk gedieh bis heute,
das unsere Hand mit Gott gebaut.
Da strömt er hin mit mächtigen Wogen
Der stolze Strom, der Vater Rhein,
der schwache Mensch, er kommt gezogen,
wirft seine Dämme kühn hinein.
Und ob auch seine Fluten brausen,
als zürnten sie dem kecken Tun,
wir schaffen mutig ohne Grausen
und seht, die Wasser müssen ruh'n.

Geschaffen ist ein weites Becken
zum stillen Hafen, sicheren Port.
Ein Haus, an das der Wasser Schrecken
nicht reichen, steht am festen Ort.
Und viele hundert wack're Hände
sind tätig für des Landes Glück,
nun nehmen sie auch kräft'ge Spende
zum Lohn für harten Dienst zurück.

Der Herr des Landes sei gefriert,
daß weiser Plan hier her uns zog.
Der fromme Wunsch, er sei erneuert
„Der Herzog Adolf lebe hoch".
Gepriesen sei'n auch uns're Leiter,
die für uns sorgen immerdar!

O' mögen sie nur immer weiter
uns führen noch von Jahr zu Jahr.
Wenn auch die Tage werden heißer
und härter wird die Arbeit noch,
wir rufen doch: „Inspektor Preußer,
er lebe lang, er lebe hoch."
Mög' einst das Werk den Meister loben,
die hier gewirkt mit roher Kraft,
es träufle Segen drauf von oben,
damit wir nicht umsonst geschafft.

Am 5. September 1858 konnte dann der leitende Inspektor Preußer in einem Bericht der Herzoglichen Landesregierung mitteilen, daß der obere Teilabschnitt des Winterschutzhafens nunmehr soweit fortgeschritten sei, daß derselbe bei geeigneter Witterung in kurzer Frist, jedenfalls noch vor dem Winter, vollendet sein würde. Am 30. Oktober 1858 erschien die offizielle Mitteilung in der Zeitung:

Die Eröffnung des Rheinhafens bei Schierstein im Herzogthum Nassau.

In dem neu angelegten Winterhafen bei Schierstein können von jetzt an Dampfschiffe, Segelschiffe, Schiffmühlen, Flöße u. s. w. einen sicheren Aufenthaltsort finden.

Biebrich, den 30. October 1858.

Herzoglich Nassauische Wasserbauinspektion.
Preußer.

[6387]

Abb. 9: Mitteilung vom 30.10.1858 zur Eröffnung des Hafens

Aus dem o. g. Bericht des aufsichtsführenden Bauleiters geht außerdem hervor, daß die zu dieser Zeit in Aussicht genommene Schließung des unteren Hafens (Westhafens) auf 14 Fuß Pegelhöhe noch ausstand. Gleichzeitig stellte er den Antrag, für die Kontrolle der ein- und auslaufenden Schiffe geeignetes Personal einzustellen und schlug der Herzoglichen Landesregierung für den Posten als

Hafenmeister:	*Johannes Wehnert*
Beigeordneten:	*Friedrich Reimann*
und als Hafenwächter:	*Friedrich Eßer*

vor, die außerdem für die Einhaltung der noch zu erstellenden Hafenordnung zu sorgen hatten. Der Hafenwächter Friedrich Eßer ertrank jedoch schon kurz nach seinem Amtsantritt am 7. April 1859 im Hafen. Dessen Stelle übernahm Conrad Bechthold.

Am 10. August 1859 konnte Wasserbauinspektor Preußer in einem weiteren Bericht der Herzoglichen Landesregierung ankündigen, daß in Kürze auch der untere Damm des Westhafens vollendet sei. Damit war einer der schönsten Häfen am Rhein entstanden, dessen Länge 1150 m und Breite 235 m betrug.

Sobald in den harten Wintern die Temperaturen unter -10° C sanken und der Rhein Treibeis führte, waren die Schiffe, vor allem die Schlepper mit ihren großen Schaufelrädern gezwungen, einen solchen Winterschutzhafen aufzusuchen. So kam es fast in jedem Winter vor, daß im Osthafen Schiff an Schiff lag und die Besatzungen oft einige Wochen hier in Schierstein ausharren mußten, bis der Rhein wieder eisfrei war. Dadurch kam Leben und Treiben in die Geschäfte und Gasthäuser des Ortes.

Um die Mitte des 19. Jahrhunderts schritt die Industrialisierung in Schierstein, im Gegensatz zu dem Nachbarstädtchen Biebrich, nur zögernd voran. Da wurden schon damals Stimmen laut, den Winterschutzhafen auch industriell zu nutzen. Besonders der Schiersteiner Ziegeleibesitzer Karl Peters setzte sich für den Bau einer Hafenbahn und den Ausbau des Hafens zum Güterumschlagplatz ein. Der Hafen schien dazu geeignet, den Schiffsgüterverkehr zur nahe gelegenen Stadt Wiesbaden zu vermitteln. Doch die Verhandlungen mit den nassauischen Ministerien und dem Magistrat in Wiesbaden, von denen

Abb. 10: Der Schiersteiner Hafen 1919

Abb. 11: Der Schiersteiner Hafen als Winterschutzhafen

man sich für den Ausbau des Hafens zum Güterumschlagplatz eine finanzielle Beteiligung erhoffte, zogen sich in die Länge, bis sie schließlich im Jahre 1908 ganz gescheitert waren.

Abb. 12: Winterschutzhafen für die industrielle Schiffahrt

Mit einer im Kriegsjahr 1917 von der damaligen Feldpolizei herausgegebenen Verfügung, daß alle Städte für den Transport von Kohlen und Lebensmitteln möglichst den Schiffahrtsweg und die elektrische Straßenbahn benutzen sollten, wurden die bis dahin auf Eis gelegten Verhandlungen wieder aufgenommen. Durch die Kriegsverhältnisse kam

Abb. 13: Die Besatzungen sorgten für Leben und Umsätze

es dann kurzfristig zwischen dem Wiesbadener Magistrat, der Wasserbauinspektion Bingerbrück, der Süddeutschen Eisenbahngesellschaft als Konzessionsinhaberin der Wiesbadener Straßenbahn und der Herzoglichen Landesregierung in Wiesbaden zu einer Einigung über einen Gleisanschluß vom Hafen an das Wiesbadener Straßenbahnnetz. Gleichzeitig sollte ein Verladekran gebaut und die Umschlagstelle mit Stapelplatz eingerichtet werden. Die Stadt Wiesbaden pachtete daher im Osthafen einen 180 m langen Uferstreifen und die Vertragspartner wendeten noch 1917 für den Aufbau des Krans, die Umzäunung des Stapelplatzes sowie für die Fertigstellung des Gleisanschlusses 375000,- RM auf.

Da die Nutzung dieser Anlage jedoch so gering und unwirtschaftlich war, sah man sich gezwungen, den Anschluß an die Schienen des Straßenbahnnetzes schon bald nach dem Krieg wieder stillzulegen. Auch spätere Pläne, eine Gleisverbindung vom Hafen an die Staatsbahn zu bauen, z. B. das Projekt des ehemaligen Eisenbahnbetriebsdirektors Wagner, waren trotz idealer Linienführung des geplanten Anschlusses und günstiger Baukosten wegen der Unwirtschaftlichkeit von vornherein zum Scheitern verurteilt. Nach einem Gutachten des Geheimbaurates Hirsch von der Technischen Hochschule Aachen sollten jedoch zuerst die Hafenanlagen besser und großzügiger ausgebaut werden, um sicherzustellen, daß sich ein Gleisanschluß rentiert. Dies war auch unter anderem eine Forderung der Schiersteiner in den Eingemeindungsverhandlungen im Jahre 1926 mit Wiesbaden.

Gegenüber der wenig benutzten Krananlage befand sich auf der Innenseite der Bismarksaue schon seit 1860 der Bauhof des Wasserbauamtes. An diesem Bild im Osthafen hat sich jahrzehntelang nichts geändert. Um die Jahrhundertwende entstand in der heutigen Ehrengartstraße / Ecke Saarbrücker Allee[2] die Hafenmeisterei (siehe Bild von 1983: Aufsichtsbezirk Schierstein des Wasser- und Schiffahrtsamtes, früheres Wasserbauamt).

Mit der zunehmenden Verschmutzung durch Abwässer und der allmählichen Verlandung der Kribben östlich des großen Hafendammes in Richtung Biebrich war nach dem 2. Weltkrieg aus dem ehemaligen stillen und fischreichen Wasser hinter den Steinwällen eine stinkende Kloake geworden. Um dies zu beseitigen, hat man das gesamte Areal

Abb. 14: Ladekran im Osthafen um 1917

aufgefüllt und so ist zwischen Biebrich und Schierstein ein breiter grüner Uferstreifen von etwa 40 Hektar entstanden. Auf den Wiesen konnten Sport- und Spielplätze angelegt werden. Darüber hinaus erhielt man die Möglichkeit, die Krone des Osthafendammes als Zufahrt zur Bismarksaue zu verbreitern, so daß sich dort ein kleines Industriegebiet entwickelte mit Gleisanschlüssen, Schiffsanlegeplätzen, Bunker- und Löschanlagen. Im Jahre 1947 etablierte sich die Firma Tankdienst Rein, Öl-Großbunkerstation mit Anlegestegen am Rhein und im Hafen. Von hier aus konnten die Rheinschiffahrt und die vielen Sportboote und Yachten nicht nur mit dem nötigen Treibstoff, sondern auch mit Schiffsbedarfsartikeln versorgt werden. 1968 errichteten die Kraftfutterfirmen Brand-Purina und Raiffeisen je ein 60 m hohes Getreidesilo am Osthafen. Danach nahm die Firma Readymix Beton Rhein-Main-Saar ihre Anlagen in Betrieb, um den Marktraum Wiesbaden und Umgebung mit Mischbeton zu versorgen.

Abb. 15: Bauhof des Wasser- und Schiffahrtsamtes 1993

Abb. 16: Hafenmeisterei des Aufsichtsbezirks 1983

1923 entschloß man sich, den Westhafen zu verlängern. Gemeint ist der städtische Teil des Hafens stromabwärts der Hafeneinfahrt, die bereits 1894 noch einmal vertieft und auf 71 Meter verbreitert wurde. Der Grund für die Verlängerung des Westhafens war die unbedingt notwendige Erweiterung und Vergrößerung der Trinkwassergewinnungsanlagen, die sich in der Nähe des gebauten Wasserwerkes jenseits des Westhafendammes in Richtung Walluf befanden. Zur Trockenlegung des Feuchtgebietes benötigte man den Aushub aus der Verlängerung des Hafenbeckens. Den westlichen Begrenzungsdamm, der damals vom Eingang der heutigen Söhnleinanlage quer zur Schiersteiner Aue verlief, setzte man um 285 Meter weiter nach Westen, so daß die Gesamtlänge des Hafens nunmehr 1457 Meter betrug. Mit dem gewonnenen Erdaushub konnte der Hochwasserschutzdamm in Richtung Walluf erhöht und das Gebiet zwischen Walluf und Schierstein vollständig eingedeicht werden. Die modernen Erkenntnisse der Trinkwassergewinnung waren 1957 der Grund, die Hausboote und die schwimmenden Wochenendhäuser auf dem Westhafen zu verbieten und zu entfernen. Außerdem sollte der Hafen 1959 für Motorboote, die inzwischen immer zahlreicher wurden, gesperrt werden. Man befürchtete, daß durch den schmalen Begrenzungsdamm verschmutztes Wasser vom Hafen aus bis in die Brunnen der Trinkwassergewinnungsanlage durchsickern könnte. Anstelle des Verbotes haben sich die Verantwortlichen jedoch entschlossen, den Westdamm in den Jahren 1960 bis 1963 um 30 Meter zu verbreitern und damit den Hafen um die angegebene Meterzahl auf 1427 Meter zu verkürzen.

Abb. 17: Hafenansicht um 1934 mit WSV-Wassersportanlage

Da die Fläche des Westhafens in früheren Jahren weitgehend ungenutzt blieb, erkannten die Anhänger des Wassersports, der sich nach der Jahrhundertwende immer mehr durchzusetzen begann, ihre Chance. Der 1921 gegründete Wassersportverein Schierstein (WVS) erbaute bereits 1925 am Hafen eine Sportanlage; später ließ sich in der äußersten westlichen Ecke des Hafens der Schwimmclub Wiesbaden 1911 (SCW) nieder. Schließlich nahm auch der Freie Wassersportverein Wiesbaden (WSW) die gegenüberliegende Dammspitze für sich in Anspruch. Nicht nur Liegewiesen und Spielplätze legten die Mitglieder dieser Vereine in Selbsthilfe an, sondern auch abgegrenzte Schwimmbecken mit Holzstegen und Sprungbrettern.

Aus den anfänglichen kleinen Holzumkleidekabinen sind dann, mit der immer größer werdenden Beliebtheit des Wassersports, Bootslagerhallen beachtlichen Ausmaßes geworden, die sich mit der Verunreinigung des Rheinwassers und dem zwangsläufig 1951 erlassenen Badeverbot in moderne Vereinsheime verwandelten. An den Stellen, an denen sich früher die Schwimmer tummelten, liegen heute dicht nebeneinander an langen, weit in den Hafen hinausragenden Anlegestegen

Abb. 18: Hafenansicht um 1930 mit WSV-Wassersportanlage

die Segel- und Motorboote sowie große Yachten. Mit der Veränderung des Wassersports sind in den letzten 30 Jahren weitere Clubs wie der Wiesbadener Yachtclub (WYC), der Motorbootclub Mittelrhein (MCM) und der Ruderclub Wiesbaden-Biebrich (RWB) hinzugekommen, die

Abb. 19: DLRG-Station 1929

ihre Clubhäuser auf dem Wasser anlegten oder in die grüne Uferlandschaft des Westhafens einbetteten. 1964 kam ein Zielrichterhaus des Kanu-Regattavereins hinzu. Über all dieses Treiben auf dem Wasser hatten die freiwilligen Helfer der Deutschen Lebens-Rettungs-Gesellschaft (DLRG) seit 1929 ein wachsames Auge. Schon am 2. Mai 1929 konnten die Mitglieder der DLRG Stadtgruppe Wiesbaden-Mitte ihre ebenfalls in Selbsthilfe erbaute Rettungsstation auf der Landspitze an der

Abb. 20: DLRG-Station als moderner Massivbau ab 1968

Hafenmündung in Betrieb nehmen. Von hier aus hatten sie einen wunderbaren Überblick über den Hafen und über weite Strecken des Rheins stromab- und aufwärts. Immer wieder fanden sich junge Idealisten, die auf diesem Gelände ihren ehrenamtlichen Wachdienst leisteten, das erste Holzhaus erweiterten und dies oft nach dem Rückgang der jährlichen Hochwasser wieder reparierten. Auch die Ausrüstung wurde jeweils auf dem neuesten Stand der Technik gehalten, so daß die Schiersteiner Rettungsstation seit Jahren das Schaufenster der DLRG war. Mit neuen medizinischen Erkenntnissen in der Wiederbelebung sowie der größeren und besseren technischen Ausrüstung war das alte Holzhaus den Anforderungen nicht mehr gewachsen. Am 3. Mai 1968 konnten die Helfer der DLRG die neue fest gebaute moderne Station einweihen und von nun an wieder ungehindert ihre hilfreiche Tätigkeit für alle Wasserratten ausüben.

Das Ende des 2. Weltkrieges ist wohl das traurigste Kapitel in der Geschichte unseres Hafens. Kurz vor Kriegsende flüchteten 56 Rheinschiffer mit ihren Schiffen hinter die hohen Dämme des Schiersteiner Hafens, um dahinter Schutz vor den Kriegswirren zu suchen. Doch kurz darauf, als die amerikanischen Truppen das linksrheinische Ufer erreicht hatten, sprengte ein Kommando deutscher Soldaten 54 dieser Schiffe und schickte sie rücksichtslos mit der gesamten Ladung auf den Grund des Hafens. Erst 1950 konnten die letzten Zeugen dieser sinnlosen Zerstörung und damit der riesige Schiffsfriedhof beseitigt werden. Als die Amerikaner auch auf unserem Ufer landeten, errichteten sie sofort im Hafen einen Marine-Stützpunkt für ihre Landungsboote und etablierten sich vom Rondell der Hafenstraße aus in Richtung Osthafen.

Im Laufe von dreizehn Jahren baute die Rhine River Patrol[3] der US Navy die Anlage zu einem echten Stützpunkt mit Unterkünften und Anlegestegen aus.

In dieser Zeit hatte sich zwischen der US Navy und dem Verkehrsverein Wiesbaden-Schierstein[4] ein sehr enges Verhältnis entwickelt. Dies zeigte sich nicht allein durch tatkräf-

Abb. 21: US-Navy-Stützpunkt
der Rhein River Patrol

tige Hilfe bei den alljährlichen Hafenfesten, sondern auch durch ein großzügiges Abschiedsgeschenk an die Schiersteiner Bevölkerung: die Errichtung des Flaggenmastes in der Mitte der Hafenpromenade in Höhe der Schiffergasse. Nach der Einweihung dieses Symbols am 11. Juni 1958 wurde die US Navy offiziell am 30. Juni 1958 durch Soldaten der 1956 gegründeten Bundeswehr abgelöst. Die Flußpionier-Kompanie[5] 791, die 1959 in 735 und später 882 umbenannt wurde, zog in die Unterkünfte am Osthafen ein. Solange die Amerikaner und die Bundeswehr das Gelände am Osthafen besetzt hielten, war das Osthafenufer für die zivile Bevölkerung gesperrt.

Auch die Bundeswehr suchte sogleich den Kontakt zu den Schiersteiner Bürgern, so daß es bald zwischen der Flußpionier-Kompanie 851, wie sie sich jetzt nannte, und dem Verkehrsverein zu einer guten Zusammenarbeit kam. Die zur Tradition gewordene Hilfsbereitschaft der

Abb. 22: Neubau Flußpionierkaserne um 1983

24

Schiersteiner Garnison und das enge freundschaftliche Verhältnis führten dazu, daß schon seit Jahren jeweils die Kompaniechefs dem Vorstand des Verkehrsvereins Schierstein angehörten. 1983 konnte ein lang geplantes Bauvorhaben, der Neubau der Kaserne am Hafen, eingeweiht werden.

Abb. 23: Die fast vollendete Promenade am Hafen um 1954

Schon immer hatten die Schiersteiner ein gesundes Bewusstsein für den Wert einer natürlichen Umwelt. Ganz besonders zeigte sich dies, als es um die Verschönerung der Uferlandschaft am Hafen ging. So ließ bereits 1938 die Schiersteiner Zweiggruppe des Kur- und Verkehrsvereins Wiesbaden, identisch mit dem 1937 gegründeten Verkehrsverein Schierstein, auf dem Westhafengebiet 34 Platanen pflanzen und stellte im städtischen Hafenbüro den Antrag, die überflüssig gewordene Muschel, zwei schräg zum Wasser führende Flächen, an der 1932 neu angelegten Hafenstraße aufzufüllen. Dadurch war es möglich, zwischen heutigen Schiffer- und Backfischgasse auf einer Länge von 120 Metern neben der Fahrbahn eine Fußgängerpromenade anzulegen. Das Wasserbauamt und vor allem der Ausbruch des 2. Weltkrieges ließen Ausführung dieses Bauvorhabens in weite Ferne rücken. In einer der ersten Sitzungen des Verkehrsvereins Wiesbaden-Schierstein (VVS) nach dem Krieg am 11. April 1950 wurde dieser Plan wieder aufgegriffen und erneut ein Antrag an die Stadt Wiesbaden gerichtet. Da der Verkehr am Hafen damals noch eine untergeordnete Rolle spielte, stand im Vordergrund die Verschönerung der Hafenstraße. Mit einer zustimmenden Antwort des Magistrats der Stadt im Juni 1950 erhielt der Vorstand des Verkehrsvereins gleichzeitig einen Kostenvoranschlag, wonach die Auffüllung der o. g. Muschel ca. 21000,- DM kosten sollte. Als nach Ablauf eines weiteren Jahres der Magistrat mitteilte, daß die Kosten für das Projekt inzwischen auf 60000,- DM angestiegen wären, erklärte sich der Verkehrsverein nach reiflicher Überlegung 1953 bereit, einen Teil der Arbeiten in Selbsthilfe auszuführen und alle Kosten zu übernehmen.

Abb. 24: Die neue Hafenpromenade mit Platanenbepflanzung

Unter der fachmännischen Bauleitung des damaligen Vorstandsmitgliedes Willy Maage, Straßenbaumeister beim städtischen Tiefbauamt, war es möglich, viele Schiersteiner, darunter auch die Fischer, für dieses Unternehmen zu begeistern, so daß schon 1954 die neue Promenade zum Hafenfest benutzt werden konnte. Aufgrund dieser gemeinschaftlichen Leistung betrugen die Gesamtkosten nur 10000,- DM.

Da der Gedanke, das Westhafengebiet als Erholungszentrum zu erschließen, vom Verkehrsverein konsequent verfolgt wurde, war es wiederum der Vorstand, der den Ausbau eines Rundweges um den Westhafen für Erholungssuchende vorschlug. Es mußte jedoch noch sehr viel Wasser den Rhein hinabfließen, bis es dem VVS in Zusammenarbeit mit dem Ortsbeirat gelang, in langen Verhandlungen mit den Stadtwerken Wiesbaden und den Wassersportvereinen einen

Uferstreifen für die Anlage eines Rundweges zu erhalten. Die ersten Erfolge zeigten sich schon 1957, als der Wassersportverein Wiesbaden-Schierstein von seinem Pachtgelände an der heutigen Bernhard-Schwarz-Straße eine Dreispitz[6] für die Wilhelm-Loos-Anlage zur Verfügung stellte.

Dank der großzügigen Spende von Frau Friedel Loos konnte am 20. Juli 1957 die Anlage in einer kleinen Feierstunde der Öffentlichkeit übergeben werden. Dies war zunächst der Ausgangspunkt des Hafenrundweges, dessen weiterer Ausbau sich nur allmählich verwirklichen ließ. Mit dem stark zunehmenden Verkehr auf unseren Straßen und all seinen negativen Begleiterscheinungen wurde die Suche der Menschen nach mehr Ruhe in guter Luft für die länger werdenden Freizeiten immer dringlicher. Diesem allgemeinen Trend konnten sich die Wassersportvereine nicht mehr verschließen und stellten im Januar 1960 von ihren Geländen einen Uferstreifen zur Verfügung. Im November 1960 begannen die Auffüll- und Begradigungsarbeiten, die mit der Erstellung eines massiven Schutzgeländers am oberen befestigten Rand 1963 beendet waren. Als auch die Planungen der Stadt für das Westhafengebiet sich diesem vielversprechenden Anfang anschlossen, war es schließlich ab 10. Januar 1967 für den Erholungssuchenden möglich, von der Hafenstraße aus um den Westhafen bis zur gegenüberliegenden Seite an die Hafeneinfahrt zu gehen und ebenso einen Spaziergang auf der Krone des Hochwasserschutzdammes, unbehelligt vom Verkehrslärm, bis nach Walluf und weiter bis Eltville zu machen.

Anlässlich ihres 100-jährigen Bestehens boten die Dyckerhoff-Zementwerke in Amöneburg der Landeshauptstadt Wiesbaden im Juni 1964 an, als Jubiläumsgeschenk eine Fußgängerbrücke über die

Abb. 25: Die Dyckerhoffbrücke, ein Wahrzeichen Schiersteins

Einfahrt des Schiersteiner Hafens zu bauen. Mit diesem Geschenk wollte die Firma nicht nur die neuzeitlichen Möglichkeiten des Spann-, Leicht- und Weißbetons im Freivorbau eindrucksvoll darstellen, sondern auch ein elegantes, graziöses Bauwerk errichten, das sich harmonisch in die Rhein- und Hafenlandschaft einfügt.

Als die anfänglichen schiffahrtstechnischen Probleme gelöst und alle Genehmigungsverträge abgeschlossen waren, konnte im Frühjahr 1966 mit dem Bau begonnen werden. Schon bei der feierlichen Einweihung am 17. März 1967 stellten die Gäste und vor allem die Schiersteiner Bürger fest, daß der Architekt Dr.-Ing. E. H. Gerd Lohmer sowie die Konstrukteure der Firma Dyckerhoff ein neues, eindrucksvolles Wahrzeichen am

Abb. 26: Die im März 1967 eingeweihte Dyckerhoffbrücke

Schiersteiner Hafen geschaffen hatten. Es gab kaum eine Baufachzeitschrift in der Welt, die diese imponierende Konstruktion und seine bautechnische Entwicklung nicht entsprechend gewürdigt hätten. Aufgrund des eleganten Aussehens und der Stützweite von ca. 100 Metern, mit einem 64 Meter langen Leichtbetonbereich, dürfte die Brücke z. Zt. die weitgespannteste Leichtbetonbrücke der Welt sein, die zu den fünf schönsten und technisch interessantesten gehören soll. Mit

Abb. 27: Jubiläumsgeschenk 100 Jahre Dyckerhoff-Zementwerke

Abb. 28: Nachbildung der Jupitersäule

Abb. 29: Jupitersäule in der Wilhelm-Loos-Anlage

diesem Bauwerk wurde die vorher unüberwindlich scheinende Lücke im Hafenrundweg geschlossen, so daß heute der Erholungssuchende rund um den Hafen wandern und von Biebrich bis Eltville, sei es zu Fuß oder mit dem Fahrrad, die einzigartige Uferlandschaft des Rheins erleben kann.

Es gibt kaum einen Besucher, der nicht einen Augenblick auf dem Scheitelpunkt der Dyckerhoffbrücke verweilen wird, um den herrlichen Ausblick über den Rhein, den Hafen und Schierstein bis zu den Taunusbergen zu genießen.

Da es schon immer das Bestreben des Verkehrsvereins war, die Umgebung des Hafens zu verschönern und als Naherholungsgebiet auszubauen, wurde auch in den letzten Jahren durch deren Initiative sowie durch dessen aktive finanzielle Mitwirkung bei Gemeinschaftsaufgaben viel Neues geschaffen. So wurden nicht nur Ruhebänke und Blumenkübel an der Promenade aufgestellt, sondern auch geschichtsträchtige Symbole in der Umgebung. In der Wilhelm-Loos-Anlage wurde die Nachbildung einer römischen Jupiter-Gigantensäule errichtet.

Das gut erhaltene Original aus dem Jahre 221 nach Chr., gefunden 1888 in der Schiersteiner Gemarkung, steht heute im Museum in

Abb. 30: Der von ESWE gespendete Hafenbrunnen

Wiesbaden. Anlässlich des 75-jährigen Bestehens des Wasserwerks in Schierstein (1899–1974) spendeten die Stadtwerke Wiesbaden (ESWE) den Hafenbrunnen, der 1976 zum Jubiläum „50 Jahre Eingemeindung Schierstein nach Wiesbaden" mit finanzieller Beteiligung des VVS einen exponierten Platz am Rondell der Hafenstraße erhielt[7].

Abb. 31: Weinkelter aus dem Jahr 1720

Eine historische Weinkelter aus dem Jahre 1720, die sich noch in der Scheuer der Familie Ermet befand, wurde den Schiersteinern von Frau Eisel gestiftet und konnte als Denkmal des 1000-jährigen Weinbaues, durch die Finanzierung des Verkehrsvereins, in der Grünanlage Ecke „Am Lindenbach/Christian-Bücher-Straße" aufgestellt werden.

Nicht zu vergessen der Blumen-Nachen an der Saarbrücker Allee als Wegweiser zum Hafen.

Daß die Störche, die immer zu Schierstein gehörten, wieder über den Hafen fliegen, verdanken wir dem VVS und vor allem den liebevollen Bemühungen der Schiersteiner Storchengemeinschaft.

Abb. 32: Blumennachen an der Saarbrücker Allee

Die Mitglieder haben nicht nur im Wasserwerksgelände eine Zuchtstation errichtet, sondern auch auf dem in Hafennähe stehenden alten Kamin einer ehemaligen Trockengemüsefabrik aus dem 1. Weltkrieg eine Nestunterlage gebaut. Ein Storchenpaar hat diese auch sofort angenommen und zieht seit dieser Zeit dort ihre Jungen groß.

Wie erfolgreich die Storchenzucht in Schierstein ist, zeigt ein Bericht im „Schiersteiner Leben", Ausgabe 3/2000: „Auch in diesem Jahr sind unsere Störche sehr fleißig gewesen, 54 Jungstörche haben

Abb. 33: Störche auf dem Kamin

31

Abb. 34: Auf dem Kamin der ehemaligen Trockengemüsefabrik

16 Paare in 3 Monaten erbrütet und großgezogen. 47 von ihnen konnten beringt werden. Pünktlich Anfang August, so wie in den vergangenen Jahren auch, sind die Jungvögel gen Afrika aufgebrochen. Die Storcheneltern folgen ihren Jungen in einem Abstand von zwei bis drei Wochen", sofern sie nicht durch die Fütterung sesshaft geworden sind.

Als schließlich die Bundeswehr am 31.03.1994 den Stützpunkt am Hafen aufgelöst und für immer verlassen hatte, ist das eingezäunte Areal mit Häusern, Hallen und Anlegestegen an die Bundesvermögensverwaltung übergegangen, die damit Eigentümerin des breiten Uferstreifens am Osthafen wurde. Es ist selbstverständlich, daß die Stadt Wiesbaden versucht hat, die nunmehr leerstehenden Häuser, Hallen und vor allem das Gelände am Osthafen zurückzukaufen. Der Schiersteiner Ortsbeirat sah auch gleich eine Verwendung für das große, 1983 gebaute Hauptgebäude am Rondell. Es wurde als Altenheim umgebaut. Da das Christophorushaus inzwischen als Altenheim zu klein geworden war und nicht mehr den heutigen Anforderungen entsprach, war es möglich, daß der Evangelische Verein für Innere Mission (EVIM) das Bundeswehrhaus kaufen konnte. Im Frühjahr 2000 begannen die Umbauarbeiten und im Oktober / November 2000 war es schließlich auch der Stadt Wiesbaden möglich, das Gelände am Osthafen käuflich zu erwerben. Das Haus ist inzwischen fertiggestellt und seiner Bestimmung übergeben worden.

Auch der Verkehrsverein Schierstein sah endlich die Gelegenheit gekommen, die Promenade am Hafen entlang in gerader Linie bis nach Biebrich fortzusetzen und das Naherholungsgebiet „Schiersteiner Hafen" zu vervollständigen.

Die Fischer

Eine Zeile im Refrain des Schiersteiner Liedes „Rauhe Fischergesellen singen von Liebe und Pflicht" (siehe Seite 64), vor allem aber die Worte „rauhe Fischergesellen" treffen auf die Männer genau zu, die diesen schweren Beruf ausgeübt haben. Leider ist die Zunft der Berufsfischer, die von alters her zu Schierstein gehört hatte, bei uns ausgestorben.

Abb. 35: Berufsfischer im Schiersteiner Hafen

Am ehemals fischreichen Rhein säumten eine große Anzahl Fischerdörfer die Ufer. Schierstein zählte einst zu den größten und bekanntesten am Mittelrhein und nach dem Bau des Hafens erlebte der Fischerberuf um 1900 noch einmal eine große Blütezeit. Zum äußeren Erscheinungsbild gehörten bis ins zwanzigste Jahrhundert die Fischer mit ihren Stammplätzen vor den Fischerkaten, den Stegen, an denen ihre Nachen hingen, den Fischkästen und den auf dem Uferrand an Stangen aufgehängten Netzen. Seit eh und je hat dieser Beruf hier viele Familien ernährt. Wer kennt nicht die Fischer-Dynastie der Schröders?

Schon im Mittelalter machten die Schiersteiner Fischer von sich reden. Als der deutsche Kaiser Rudolf von Habsburg (1273–1291) mit seinem Gefolge durch Schierstein zog, um auf der anderen Rheinseite in Mainz Hof zu halten, traten ihm die Schiersteiner Fischer, die freie Leute waren, entgegen und boten ihm einen riesigen Salm an, den sie frisch

33

gefangen hatten. Der Kaiser nahm das Geschenk huldvoll an und bat sie, den Salm nach Mainz zu bringen, um ihn dort für ihn zuzubereiten. Rudolf unterhielt sich leutselig mit den vier Fischern und erteilte ihnen danach die Gerechtsame (das Recht), von nun an ohne jegliche Behinderung und Abgaben von Mainz bis Rüdesheim fischen zu dürfen.

Die Fischer waren stolz auf dieses Recht und nannten sich jetzt „die Fischer des Kaisers". Der Nachfolger auf dem Thron, Adolf von Nassau (1291–1298), erneuerte dieses Recht. Da er auch gleichzeitig ihr Landesherr war, zogen einige der Fischer mit ihm in den Krieg und fielen mit ihm in der Schlacht bei Göllheim am Donnersberg 1298. Trotz des schriftlichen Rechts, das immer noch galt, gab es in der Folgezeit des öfteren Schwierigkeiten. So kam es 1386 zu einem Kampf zwischen den Dienstleuten des Ritters von Ellfeld (Eltville) und den Schiersteiner Fischern, bei dem drei Fischer ums Leben kamen und die restlichen vorübergehend in den Turm geworfen wurden.

Bei Wind und Wetter ruderten die rauhen Gesellen hinaus mit ihren Nachen zu den Fischgründen, an die Auen, in die schilfbewachsenen Buchten und Kribben sowie in die Nebenarme des Rheins. Dort warfen sie ihre Netze aus. Meistens fuhren sie zu zweit, um ihr schweres und gefährliches Handwerk auszuüben. Während der eine an den langen Riemen im vorderen Teil des Nachens sitzend ruderte, unterstützte ihn der andere am Heck mit dem kürzeren Handruder, welches er

Abb. 36: Fischerkate mit an Stangen aufgehängten Netzen

gleichzeitig als Steuer benutzte. Die Netze, wie Heb- und Tretschgarne, Wurf- und Stellnetze sowie Angeln und Reusen wurden in die Mitte auf den Boden des Nachens gepackt und an die seichten, stillen Uferränder gefahren. Je nach Jahreszeit und Wasserstandshöhe setzten die Fischer die verschiedenartigsten Fanggeräte ein. Mit den Heb- und Tretschgarnen fing man die kleinen Köderfische, mit Aalreusen und Aalschnüren, wie der Name es schon sagt, wurden in der Hauptsache Aale gefangen.

Jeder Fischer hatte so seine eigenen Köderspezialitäten, die er zum Anbeißen auf die Haken steckte. Selbst Würfel aus frischem Schweizer Käse fehlten dabei nicht. An langen Stangen befestigten sie die Stellnetze und Reusen, steckten die Stangen in den Untergrund und holten am nächsten Tag die Geräte mit den gefangenen Fischen wieder ein.

Ganz anders verfuhr man bei dem großen „Gezaar", zu dem mehrere Fischer notwendig waren. Für diese Fangart hatten sie sich in zwei Gruppen, in die „gruß Partie" und in die „klaa Partie", aufgeteilt. Mit langen Fischerstiefeln ausgerüstet, die einst aus Leder und später aus Gummi waren, fuhr die jeweilige Partie zu dem vorher bestimmten Gewässerteil und warf dort das große Gezaarnetz (Zugnetz) in weitem Bogen aus.

Am oberen Ende befanden sich in Abständen abwechselnd kleine Holzbrettchen (die Flair) und Korken (die Stoppen), am unteren Netzrand waren kleine Bleikugeln befestigt, damit das Netz im Wasser stand. Beide Netzenden wurden nun in Richtung Ufer gezogen und die Fischer, in langen Stiefeln im Wasser stehend, holten das Netz langsam mit dem Fang ein.

Nicht selten waren 30 bis 40 Zentner Fisch bei einem solchen Zug im Netz. Bei der Vorsortierung wurden die kleineren Fische wieder zurück ins Wasser geworfen. Auf die Frage eines Zuschauers, warum dies geschehe, antwortete einer der Fischer: „Die sin des anner Johr gut, do wern se nit mi fortgeschmisse." Um die Fische lebend nach Hause zu bringen, kam ein Teil in die wassergefüllte Sitzbank des Nachens und der größte Teil in die mitgebrachten durchlöcherten Fischschiffchen, die an den Nachen angehängt wurden. In früheren Zeiten haben die Fischer ihre schwere Last oft gegen die Strömung des Rheins nach Hause rudern müssen. Später, als die Dampfschiffahrt aufkam, hängten sie sich nach getaner Arbeit an die Schlepper oder Schleppkähne an, die bergauf (wie es in der Schiffersprache heißt) fuhren. Die Kapitäne, die sie fast alle kannten, erhielten dafür einen Eimer Fische.

Abb. 37: Fischer beim Einziehen der Netze

Abb. 38: Fischer beim Putzen des Fangs

Als aber immer mehr Motorschiffe (Selbstfahrer) den Rhein befuhren, war auch dies nicht mehr möglich. Um unabhängig zu sein, kauften sich nun zwei Fischer, Fritz Bechthold und Johann Schröder, ein größeres

Abb. 39: Fischer mit Fang im Schlepp „bergauf" heimwärts

Motorboot mit geschlossener Kabine, das nicht nur mehrere Fische mit ihren Geräten aufnehmen konnte, sondern auch für eine Übernachtung ausreichend war. Wenn die Fischer heimkehrten, wurde der Fang gerecht an jeden Teilnehmer in Back- und Großfische aufgeteilt. Hunderte von Möwen umkreisten wild schreiend diese Zeremonie, um vielleicht einen der Fische zu erhaschen. Manchmal gab ihnen auch ein Fischer beim Sortieren und Einsetzen in den eigenen Fischkasten ein Gratisfrühstück. Die durchlöcherten Fischkästen, etwa einen Meter breit und hoch und oben mit einer Klappe versehen, hingen an langen Ketten auf der Uferböschung bis dreiviertel im Wasser (siehe Abb. 40), damit die eingesetzten Fische am Leben blieben, bis sie gebraucht wurden, nach dem damaligen Motto: „Schiersteiner Fisch – immer frisch".

Abb. 40: Typischer Fischkasten zur Zwischenlagerung des Fangs

Ausgenommen, geputzt und kochfertig kamen die Fische dann in die Haushaltungen, in die Schiersteiner Fischspeiselokale, in die Hotels

Abb. 41: Inserate der Fischer in den örtlichen Zeitungen um 1934

und auf den Markt nach Wiesbaden. Es war vor allem die Aufgabe der Fischersfrauen, ihre Kundschaft auf dem Wochenmarkt in Wiesbaden zu bedienen. Anfänglich gingen sie zweimal in der Woche zu Fuß über die Berge mit einem Zuber voll mit Fischen auf dem Kopf.

Auch mit der Schelle zogen sie durch die Hinterhöfe der Stadt und boten dort ihre frische Ware an. Neben der Hausarbeit und Kindererziehung hatten die Frauen somit einen erheblichen Anteil an dem Unterhalt der Familie beizutragen. Von weit her kamen täglich Gäste nach Schierstein, um in den bekannten Speiselokalen „Zum Grünen Baum", in der „Rheinlust", in der „Rheinhalle", im „Rheinfels" oder im „Sonneneck" die Fischspezialitäten zu verzehren. Die Fischer hatten alle Hände voll zu tun, um die großen Wasserbassins in den Höfen der Lokale immer wieder aufzufüllen. Es war schon ein Erlebnis für die Besucher, im Sommer auf den idyllischen Terrassen zu sitzen, eine Portion goldgelb gebratener Backfische mit Kartoffelsalat zu genießen und dabei das Leben und Treiben auf dem Hafen zu beobachten.

Abb. 42: Fischerfrauen auf dem Wiesbadener Marktplatz

Abb. 43: Fisch auf der Karte z.B. im „Grünen Baum" (links oben)

Abb. 44: Fischer schieben Eisschollen an Land

Auch ein harter Winter konnte die Fischer nicht abschrecken, selbst unter einer geschlossenen Eisdecke führten sie, wenn auch unter weit schwierigeren Bedingungen, einen Gezaar-Fischzug durch. Gefangen wurden meistens Rotaugen und Weißfische sowie Barben, Bresen[8],

Karpfen, Aale, Barsche, Hechte und Zander. Ganz früher war auch einmal ein Salm oder ein Lachs im Netz. Da man in der damaligen Zeit noch keine Kühlschränke kannte, zerkleinerten die Fischer im Winter die mächtigen Eisschollen, schoben sie mit ihren Haken ans Ufer und luden die Eisschollen auf Pferdekarren, die dann in die Kühlkeller der Metzgereien und Hotels gebracht wurden, um auch im Sommer verderbliche Waren frisch halten zu können.

Abb. 45: Philipp Schröder

Damit war es den Fischern möglich, die im Winter doch geringeren Einnahmen aufzubessern. All dies zeigt, daß der Alltag des Fischers voll mit Arbeit ausgefüllt war. Wenn er sich nicht gerade auf dem Wasser beim Fischen befand, so mußte er in der übrigen Zeit die Nachen, die Stege und die Fischkästen in Ordnung halten sowie Netze flicken und neue stricken. Feierabend gab es für ihn erst,

*Abb. 46: Heimatmuseum
in der „Alten Hafenschule"*

wenn die Sonne hinter den Taunusbergen verschwand.

Die fortschreitende Verunreinigung des Wassers, die damit verbundene Ungenießbarkeit der Rheinfische sowie der fehlende Nachwuchs nahmen diesem Beruf hier jegliche Zukunftsaussicht. In den sechziger Jahren des zwanzigsten Jahrhunderts kam das endgültige „Aus" und am 30. Juni 1987 verstarb der letzte Berufsfischer Philipp Schröder im Alter von 84 Jahren. Innerhalb einer Generation war ein Stück Heimat und ein Stück rheinischer Romantik verschwunden. Nur im

Heimatmuseum erinnern Bilder und die typischen alten Fischergeräte noch an die Schiersteiner Berufsfischer.

Abb. 47: Erinnerungen an die Berufsfischer im Heimatmuseum

Die Flößer

Beim Anblick der vielen Sportboote und Yachten in unserem Hafen fällt es schwer, an seine einstige Zweckbestimmung als Winterschutz- und Floßhafen zu denken. Nur noch die älteren Schiersteiner werden sich an die mit Holzstämmen voll bedeckte Wasserfläche des Osthafens erinnern. An die Flößer, deren Axt- und Hammerschläge von früh bis zum Ufer schallten, wenn sie die Baumstämme zu einem Floß zusammenfügten.

Abb. 48: Zeitgenössische Darstellung als Floßhafen, um 1900

Seit vielen hundert Jahren gab es die Zunft der Flößer, die jedoch aufgrund der immer moderneren Beförderungsmittel im vergangenen Jahrhundert allmählich ausstarb. Die harte und gefährliche Arbeit des Flößers prägte einen Menschenschlag, der hinter einer rauhen Schale ein gutes Herz verbarg. Die meist aus den Wäldern unserer Mittelgebirge stammenden Männer sammelten in der für die damalige Zeit „großen Welt" Erfahrungen, die sie zum Nutzen ihrer kleinen Heimatgemeinden anwenden konnten. Wenn es ein gutes Floßjahr war und die Flößer gutes Geld verdienten, ging es auch den in den Dörfern Zurückgebliebenen gut; so den Heimarbeitern, die Floßzubehör wie Schnallen und Spannkeile herstellten, den Bauern, die das Holz in den Wäldern schlugen, es schälten und die Stämme an größere Bäche brachten. Von hier aus traten dann die Flößer oft auf Einmannflößen, wie in der Federzeichnung zu sehen, ihre lange Reise zu den nächst

Abb. 49: Einmannflöße auf dem Weg zu den „Floßländen"

größeren Floßländen (Anlegestellen) an. Auf mittleren Flößen kamen sie den Main und Neckar herunter bis zu den großen Holzumschlagplätzen am Rhein, in Mainz, Mannheim und Koblenz.

Nach der Fertigstellung unseres Hafens 1858 hatte sich auch Schierstein zu einem solchen Holzumschlagplatz entwickelt. Im Schutze der hohen Dämme des Hafens wurden die kleineren und mittleren Flöße mit Baumstämmen aus dem Taunus zu großen Einheiten für die weite Reise auf dem Rhein zusammengestellt.

Nicht nur die Wasserfläche im Osthafen war über und über mit Holz bedeckt, sondern auch am Ufergelände – dem Standort der ehemaligen Bundeswehrkaserne – türmten sich die Baumstämme, die von Pferdefuhrwerken zum Lagerplatz am Hafen gebracht wurden. Große Holzfirmen hatten hier ausgedehnte Wasser- und Lagerplätze gepachtet.

Die Stämme, die aus dem Taunus hier angefahren wurden, mußten jedoch vor Antritt der Reise auf dem Wasser behauen und geschält werden. Hierzu rollte man sie in die große Muschel (eine Vertiefung in der Uferböschung), um sie dann nach der Bearbeitung in ein provisorisch abgegrenztes Wasserbecken zu befördern. Die Muschel oder Vertiefung im Ufergelände kann man noch heute vor den Anlegestegen der ehemaligen Flußpioniere sehen; der Straßenname „Wasserrolle" erinnert daran, daß nicht nur Wasser die Straße herunterfloss, sondern auch daran, daß hier Baumstämme ins Wasser gerollt wurden. In den erwähnten Recken schwammen die behauenen Stämme dicht gedrängt. Mit Tauen, gedrehten Weidezweigen, eisernen Klammern,

43

Krampen und langen Nägeln hat man sie dann zu einem Floß verbunden. Hierzu mußten die Stämme nach der Holzart sortiert werden. Zwischen dem schweren Holz (Eiche und Buche) mußten jeweils die leichteren und besser schwimmenden Fichten und Tannen als Tragholz eingefügt werden. Es war schon aufregend, die Flößer bei ihrem schweren Handwerk zu beobachten. Sie bewegten sich erstaunlich sicher auf den lose im Wasser liegenden Stämmen, die sich ständig drehten und sogar wegtauchten, wenn ein Flößer versehentlich auf ein zu schmales Stammende getreten war. Sie besaßen fast die Fertigkeit eines Seiltänzers, denn mit dem anderen Fuß standen sie bereits sicher auf einem dickeren Stamm, ohne ins Wasser zu fallen. Für die Schiersteiner Buben war es ein Sport, dies den Flößern gleichzutun. In deren Arbeitspausen versuchten sie ebenfalls über die lose schwimmenden Baumstämme zu laufen. Mancher nahm jedoch ein unfreiwilliges Bad im Hafen.

Mit den Flößern kam damals Leben und Treiben nach Schierstein, dem ruhigen, fast verträumten Fischer- und Bauernort am Rhein. Zu den bisher vorherrschenden Zünften der Fischer und Marktschiffer, auch Fergen genannt, gesellte sich nun die bedeutende Zunft der Flößer. Obwohl sie unter denkbar primitiven Arbeitsbedingungen bei Wind und Wetter ihre schwere und anstrengende Arbeit erledigten, floss nach Feierabend in den Schiersteiner Gasthäusern das Bier in Strömen. Die Namen der zur Legende gewordenen Gesellen wie Winkeler Hannes, Roßkopp Luj, Jupp, Lateiner, Zerfass, Amsterdamer Michels, Dreifinger und Schinkenmaul, um nur einige zu nennen, gaben der Gemeinde eine besondere Note. Einer der letzten von ihnen schnitzte in den

Abb. 50: Der Hafen als Holzumschlagplatz

Deckenbalken über der Theke des Gasthauses „Zum grünen Baum":
„Wann mer ach arme Leit sin, mer lewe doch".

Fast wöchentlich verließen ein oder zwei fertiggestellte Flöße, die oftmals 60 m breit waren und eine Länge von bis zu 220 m erreichten, den Hafen.

Abb. 51: Flöße von 60 m Breite und bis 220 m Länge im Hafen

Doch bevor die Reise begann, mußte der notwendige Proviant in den einfachen, mit Rindenholz gedeckten Bretterbuden verstaut werden, von denen sich mehrere auf einem solchen riesigen Floß befanden. Bei dem Durst, den die Flößer nun mal hatten, gehörte eine Reihe Bierfässer zu den wichtigsten Reiseutensilien. Sogar lebende Tiere, Rinder und Schweine, wurden mitgenommen, damit die als ausgesprochene Fleischesser bekannten Flößer während der langen Fahrt nicht auf ihr frisches Fleisch verzichten mußten. Zu den notwendigen Vorbereitungen gehörte auch das Anheuern und die Musterung der „Tiroler", wie die Hilfsarbeiter und Vagabunden in der Flößersprache hießen. Für diese Menschen gab es viele Gründe, eine solche Floßreise zu unternehmen. Eines hatten sie alle gemeinsam: sie konnten sich für einige Wochen wieder einmal richtig satt essen. Nacheinander kamen sie den Holzsteg, der zum Floß führte, herunter. Am unteren Ende stand der Floßmeister mit einem halblangen blauen Tuchrock über der roten Weste (Berufskleidung der Flößer) in fettglänzenden hohen Wasserstiefeln und sah sich jeden genau an. Gab es ein knappes Handzeichen

45

in Richtung Wasser, dann durfte derjenige über den Bohlenweg zum Schreiber gehen, dieser trug ihn dann in die Lohnliste ein. Rief er aber einen Bewerber zu sich heran, dann mußte dieser meistens den Rückweg antreten, weil er zu schwächlich oder von früheren Reisen schon als Faulpelz, Unruhestifter oder gar als Krimineller bekannt war. Die bunt zusammengewürfelte Gesellschaft wurde anschließend in den einfachen Bretterbuden untergebracht. Gepäck besaßen die meisten ohnehin nicht. Vor den Hütten war auch ein mit Brettern ausgelegter Platz, auf dem sich die Küche und die Unterkünfte der gelernten Flößer, der Meister-, Steuer- und Ankerknechte befanden. Nicht selten machten jedoch zahlende Gäste oder gar der Floßherr selbst (gemeint ist der Holzhändler, der das gesamte Holz angekauft, die Kosten sowie das Risiko des Transportes trug und am Bestimmungsort das Holz wieder verkaufte), eine solche Reise mit. Dann wurde die besser ausgestattete Herrenhütte mit Kabinen, Betten, Speiseraum und einem Büro für den Floßherrn aufgebaut.

Nach Abschluß aller Vorbereitungen, meistens in den frühen Morgenstunden, gab der Floßherr das Zeichen zum Ablegen. Noch bevor sich die Trossen und Ketten der Zugschlepper spannten, erklang die Schiffsglocke dreimal. Jeder nahm seinen Platz ein. Die Ankerknechte bestiegen die Nachen, um die Anker zu hieven; der Steuermann übernahm das Kommando. Er zog den Hut vom Kopf und rief laut: „In Gottes Namen!". Alle rissen die Hüte und Mützen von den Köpfen und sprachen barhäuptig mit gesenkten Köpfen ihre Bittgebete für eine glückliche Fahrt und Rückkehr. Erst dann heulten die Schiffssirenen der Schlepper, die Schiffsschrauben wirbelten das Wasser auf und unendlich langsam setzte sich das riesige Floß in Bewegung.

Die angeheuerten „Tiroler" mußten hauptsächlich die bis zu zehn Meter langen Ruderstämme oder „Streichen" am Bug und am Heck des Floßes bedienen. Sie hatten auch alle anderen niederen Arbeiten zu verrichten, die während der langen Fahrt anfielen. Vorn und hinten ruhten die Streichen in eisernen Gabeln auf dem Stelzenbock, einem quer über das Floß gebundenen starken Stamm, über den auch die Ankertaue liefen. Davor befand sich eine Plattform aus Dielenbrettern über die ganze Floßbreite, genannt die Volksbrücke, auf der die Männer beim Bewegen der riesigen Streichen hin- und hergingen. Auf das Kommando des Steuermanns, der auf einem erhöhten Sitz, dem Steuerstuhl, stand, welcher sich im letzten Drittel des Floßes befand, senkten die Männer die Ruderblätter ins Wasser. Bis zu sieben Mann an einem Griffende gingen im Takt drei Schritte vor, dann mit angehobenem Blatt wieder drei Schritte zurück, um abermals einzutauchen und vorzugehen. So konnte das Floß nach der einen oder anderen Seite hin zum Frankreichufer (links) oder Hessenlandufer (rechts) bewegt werden. Die Flößer bezeichneten so auf dem Rhein unverwechselbar links und rechts, selbst dann noch, wenn sie sich bereits in Holland befanden. Schwenkte der Steuermann seinen Hut nach rechts, dann riefen die Meister- und Steuerknechte „Hessenland" und hielt der Steuermann den Hut über den Kopf, wurde das Kommando „Hör Holz" weitergegeben. Die Streichen ruhten daraufhin und das Floß schwamm geradeaus. In den engen Flußkehren mußten auch die vorderen Streichen eingesetzt werden. Dann hieß es „Vorne muß sein" und das Kommando „Frankreich" bedeutete, daß die Tiroler an den vorderen Streichen nach links zu rudern hatten. Das schönste und für alle das liebste Kommando „Backholz überall" konnte nur vom Floßmeister kommen und bedeutete Essen fassen.

Der Koch war die beliebteste Persönlichkeit, sorgte er doch für das leibliche Wohl aller. Er hißte einen Korb an einer langen Stange und von jeder Backschaft eilte ein Mann zur Küche. Dieser holte von den in Reihe stehenden Backen (hölzerne Zuber mit Tragohren) einen mit dampfender Fleischsuppe ab, um ihn zu seinen Kollegen zu tragen.

Abb. 52: Die Hütte des Floßherrn

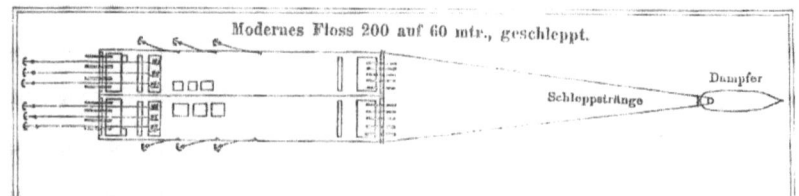

Abb. 53: Formationsskizze eines modernen Floßes

Nicht nur die Tiroler, sondern auch die Meister-, Steuer- und Anker-knechte aßen abwechselnd, wie es die Fahrt erlaubte. Die Berufsflößer aßen aus Tonschüsseln an den Tischen in ihren Hütten. Für den Floß-herrn und seine Passagiere sowie für den Floßmeister und den Steuer-mann wurde im Speiseraum der Herrenhütte serviert, allerdings erst nachdem die Mannschaft versorgt war.

Seit dem Ende des 19. Jahrhunderts bedienten sich die Flößer der neuen technischen Errungenschaften. Im Gegensatz zu früher, als die Reise nur auf die Strömung des Flusses angewiesen war, ließen sie jetzt, wie bereits erwähnt, ihre Flöße von Schleppern ziehen.

Mit Hilfe der Zugkraft war es leichter, so eine schwerfällige Holzinsel zu manövrieren. Bei den älteren „Holländer-Flößen" handelte es sich um noch größere Gebilde. Sie bestanden aus mehreren, in der Mitte durch einen starken Stamm, den Reihenbaum, verbundenen Teilstü-cken, dem Hauptfloß und drei oder vier Vorflößen (auch Kniestücke

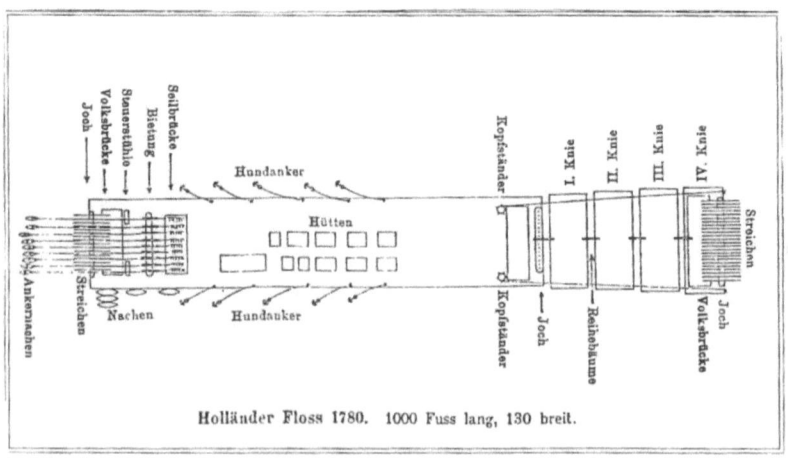

Abb. 54: Skizze eines der „Holländer-Flöße"

genannt). Zwischen den Floßteilen befand sich jeweils ein Wasserstreifen, der die freie Beweglichkeit ermöglichte. Mit den Streichen auf dem ersten Kniestück, Verbindungstauen zwischen den einzelnen Teilstücken und den Streichen am Ende des Hauptfloßes konnte dieses riesige Gebilde aus Holz gesteuert werden. Auf der schwierigen „Gebirgsstrecke" des Rheins standen die seitlich angebrachten sogenannten Hundanker zusätzlich noch als Steuerhilfe zur Verfügung.

Noch im Jahre 1809 befuhren 85 dieser „Holländer-Flöße" den Rhein, die nur mit der Strömung des Flusses ohne jeglichen Antrieb bis nach Holland trieben. Die Überlieferung spricht den Flößen dieser Zeit Dimensionen von gigantischen Ausmaßen zu. So betrug die Länge eines solchen Floßes 500 Meter und die Breite ca. 70 Meter. Hierbei handelte es sich um etwa 3000 Baumstämme (12500 Kubikmeter Holz), die einen Wert von 600000,- Mark hatten. Um einen solchen treibenden Koloss beherrschen und sicher bis nach Holland bringen zu können, waren 400 bis 500 Mann Besatzung notwendig, die in 10 bis 13 einfachen Holzhütten untergebracht waren. Die Hütten hatten in der Mitte einen Gang aus Brettern und zu beiden Seiten waren sie mit Stroh ausgelegt.

Als Reiseproviant wurden 25000 kg Brot, 10000 kg Fleisch, 750 kg Butter, 50 kg Dörrfleisch, Kartoffeln, Salz, Hülsenfrüchte und vor allem eine Unmenge Bier und etwas Wein benötigt. Pro Mann rechnete man für den Tag 3½ Liter Bier und ca. 500 Gramm Fleisch.

Mit fortschreitender Technik wurden neue und vor allem schnellere Transportmittel erschlossen, weshalb die Jahre des harten und abenteuerlichen Berufes der Flößer und auch der Floßschlepper gezählt waren. Schon um die Jahrhundertwende zum 20. Jahrhundert wurden die Flöße im Hafen immer seltener. Nur noch kleinere Gebilde gingen von hier aus auf die Reise, bis dann 1955 – von den Schiersteinern unbemerkt – das letzte Floß den Schiersteiner Hafen verließ. Heute erinnern nur noch Museen mit Floßmodellen, Schleppermodellen, Geräten und Bildern an den damals so abenteuerlichen Beruf der Flößer, z.B. das Flößer- und Schiffermuseum hier am Rhein in Kamp-Bornhofen und das Flößermuseum in 96364 Marktrodach, Ortsteil Unterrodach im Frankenwald. Dort wurden unter der Führung eines alten Flößers unter anderem auch Bilder des Schiersteiner Floßhafens gezeigt.

Die Rettbergsaue und das Schiersteiner Strandbad

Es gibt eine Insel zwischen Wiesbaden-Biebrich und Wiesbaden-Schierstein, mitten im Rhein gelegen. Offiziell hieß die Insel früher einmal „Rheinaue" oder „Biebricher Wörth", im Spätmittelalter nannte man sie auch „Karthäuser-Aue", bis sich schließlich der Name Rettbergsaue durchsetzte. Im unteren Teil befindet sich hinter dem ehemaligen Schiersteiner Strandbadgelände ein kleiner Seitenarm des Rheins, dessen Wasser jedoch wesentlich langsamer fließt als das Wasser der beiden großen Rheinarme, die die Insel umschließen. Wegen des fast stehenden Wassers wird dieser Seitenarm, der oben nur einen kleinen Einlass hat, auch „toter Arm" genannt.

Carl von Rettberg war der Namensgeber der Insel. Er war der Ahnherr einer alten Offiziersfamilie, die über Generationen hinweg zuerst den nassauischen Herzögen, danach dem König von Preußen und schließlich dem Deutschen Kaiser diente. Carl von Rettberg stammte aus Buxtehude, wo er 1788 geboren wurde, sich zuerst der Juristerei zuwandte, um dann den Soldatenberuf zu ergreifen. Er begann bei den reitenden Jägern in Biebrich als Kadett. Als Unterleutnant zog er 1809 mit den reitenden Jägern als Teil der deutschen Brigade für Napoleon in den spanischen Krieg (1808–1813), in dem die beiden Regimenter, die damals dorthin beordert wurden, sich zwar mit Bravour, aber

Abb. 55: Schiersteiner Strandbad um 1905

unter großen Opfern schlugen. Wegen seiner Tapferkeit in diesem Krieg erhielt der junge Freiherr von Rettberg das seltene Kreuz der Ehrenlegion und wurde bereits im Alter von 25 Jahren zum Rittmeister befördert. Als später der große Korse geschlagen und gestürzt war, nahm Carl von Rettberg als Kompaniechef des 2. Nassauischen Regiments am Niederländischen Feldzug teil und avancierte zum Flügeladjutanten des Herzogs Wilhelm von Nassau. 1843 wurde er zum Major befördert. Zu diesem Zeitpunkt diente er bereits dem dritten Herzog, in diesem Fall Herzog Adolf von Nassau.

Bereits 1832 hatte er den größten Teil der Insel und den dort befindlichen Domänenbesitz für 11125,- fl (Gulden) gekauft und landwirtschaftlich genutzt. Doch Jahre später hat er die Aue für 50000,- fl wieder an das Haus Nassau zurückverkauft. Sein Name blieb aber bis heute mit der Insel verbunden. Als Oberstleutnant und Adjutant des Herzogs ließ er 1844 von dem berühmten Darmstädter Architekten Georg Moller in unmittelbarer Nähe der damals noch existierenden Petzmühle an der Frankfurter Straße/Ecke Bierstadter Straße in Wiesbaden eine Villa im italienischen Renaissancestil bauen, eingerahmt von zwei Remisen für Wagen und Pferdeställe. Später wurde die Villa zu einem Nebengebäude des benachbarten Hotels „Oranien" umfunktioniert und um die Jahrhundertwende hat man sie sowie eine der Remisen aufgestockt, obwohl das Gebäude unter Denkmalschutz stand. Dabei ist natürlich der Reiz des schönen Baustils verloren gegangen. 1869 war das Haus in anderen Händen. Ab 1920 wurde es dann unter dem Namen „Villa Goetz" von einem Freiherrn von Schrader, der Witwe Goetz und deren Sohn bewohnt, die das benachbarte Hotel „Oranien" betrieben. Die Goetz-Erben nutzten es später als Mietshaus, bis es 1938 in den Besitz des Deutschen Reiches kam. Im 2. Weltkrieg

wurde das Haus beschädigt und sofort nach dem Krieg wieder aufgebaut. Da dieses Gebäude hinter der damaligen Staatskanzlei des Landes Hessen in der Frankfurter Straße 2 steht, zog nach der Wiederherstellung die Kanzlei des Hessischen Ministerpräsidenten dort ein.

Abb. 56: Bademode 1909

Schon um die Jahrhundertwende (1900) hatten einige schwimmbegeisterte Schiersteiner den Freizeitwert der Insel erkannt und fuhren
mit Fischernachen und Paddelboten zu der Sandbank an der westlichen Inselspitze, um dort zu baden und ihren Sport auszuüben.

In der damals prüden Zeit war es gar nicht so selbstverständlich, den
wenig bekleideten Körper öffentlich zu zeigen und der Sonne preiszu-
geben. Wie auf dem Bild von 1909 (Abb. 56) zu sehen ist, war es den
Herren gestattet, in langen schwarzen Badeanzügen sich in das küh-
lende Nass zu stürzen, während den Damen allenfalls ein Blick vom
Land aus auf dieses Treiben erlaubt war. Sie saßen dort in Schnürstie-
feln mit hochgeschlossenen Kleidern züchtig unter ihren Sonnenschir-
men.

Abb. 57: Das Schiersteiner Strandbad um 1925

Erst in späteren Jahren lockerten sich auch hier die Bräuche. Da sich
immer mehr Schwimmbegeisterte auf der Insel zum Baden einfanden,
errichtete man anfänglich Zelte, die als Umkleidekabinen dienten. Erst
die große Hitze 1911 veranlasste den damaligen Bürgermeister
Schmidt und den Gemeinderat, dem Vorschlag des Schiersteiner Ver-
schönerungsvereins zuzustimmen, ein offizielles Bad auf der Insel zu
errichten. Einige Gemeinderatsmitglieder waren jedoch nicht sofort
bereit, sich diesem Vorschlag anzuschließen, weil sie die Kosten eines
derartigen Bauprojektes für die damals noch selbständige Gemeinde
für zu hoch hielten. Nach längerer Debatte gab doch die Hoffnung aller,
durch den Bau eines Bades die Gemeindekasse erheblich aufzubessern, den Ausschlag zur Einigung. Man entschied sich für ein großes,

langgestrecktes Gebäude aus Holz, welches im Parterre die Bade- und Umkleidekabinen sowie im 1. Stock einen Restaurationsbetrieb aufnehmen sollte. Das kleinere Holzgebäude hinter dem großen Haus war für die Garderobe vorgesehen. Die Schwimmbecken für Nichtschwimmer und Schwimmer, die sich vor dem Sandstrand befanden, waren durch Holzbalken voneinander getrennt und zum Rhein hin durch einen Holzsteg mit Geländer abgegrenzt. Darüber hinaus plante die Gemeinde noch ein Sprungbrett, einen Anlegesteg für die Fähre, einen Spielplatz für Kinder, einen Sportplatz, Liegewiesen, einen Kiosk und einen Bootssteg am toten Arm für Paddelbootfahrer. All dies kostete schließlich 22776,- Goldmark. Nach der Fertigstellung konnte der Landrat Herr von Heimberg am 21. Juli 1914 das neue Schiersteiner Strandbad feierlich einweihen.

Zu diesem Anlaß verfasste unser damaliger Lokaldichter Ludwig Ehrengart das nachstehende Strandbadlied, dessen Melodie heute leider nicht mehr bekannt ist.

Den Maßstab für die Beliebtheit dieses Bades gaben die ständig ansteigenden Besucherzahlen. Ein weiterer Boom der Badegäste war zu verzeichnen, als die Stadt Wiesbaden 1921 eine öffentliche Buslinie vom Luisenplatz zum Schiersteiner Hafen eröffnete. Die Schiersteiner Zeitung schrieb am 26. Juli 1921, daß am vergangenen Sonntag 4700 Personen das Strandbad besucht hätten und infolge der anhaltenden Hitze auch an Werktagen ein volles Haus verzeichnen wäre. Zu einem Rekordbesuch kam es an einem Pfingstsonntag mit 7000 Besuchern.

Hierzu sagte der Fährmann Georg Schröder, daß er an solchen Spitzentagen über 100 Kilometer mit seinem Motorschiff im Wechsel zwischen Hafen und Insel zurücklegen müsste.

Die aufkommende Liebe der Menschen zum erfrischenden, nassen Element war nicht ganz ungefährlich. So fanden jährlich am Rhein und im Hafen etwa ein Dutzend Personen im Wasser den Tod. Nicht allein das Strandbad auf der Insel lockte die Badefreudigen an, sondern auch die Bäder im Hafen, die von den neu gegründeten Schwimmclubs angelegt wurden.

Nachdem man am 10. Januar 1925 in Berlin die Deutsche Lebensrettungsgesellschaft (DLRG) wiedergegründet hatte, versuchten Idealisten durch Errichten von Lebensrettungsstationen dem nassen Tod Einhalt zu gebieten. Da sich an schönen Sommerwochenenden am

Schiersteiner Strandbad=Lied

v. L. Ehrengart

Zu Schierstein, das am freien Rhein
Die Alten einst gebaut,
Rief der Verschönerungs=Verein
Nach einem Schwimmbad laut.
Da half sofort der Ortsvorstand
Zum Schwimmbad in dem Rhein,
„Schiersteiner Strandbad" wird's genannt,
Wo könnt ein Schön'res sein.
Das Gute bricht sich Bahn,
Wir fahren jetzt im Kahn,
Zur Rettbergsau wo Frau und Mann
Sich glücklich fühlen kann.

Der Bürgermeister schützt das Bad,
Schwimmt vielen kühn voran,
Ist, wo es gilt, mit Rat und Tat,
Warnt manchen jungen Mann:
Das Schwimmen wie das Turnen frommt,
Benutzt den schönen Rhein
Denn wer von hier zur Musterung kommt,
Der soll auch tauglich sein.
Drum schwimmt mit frohem Mut
Oft in der klaren Flut
Wo Rettbergsau und Sonnenschein
Sich spiegeln in dem Rhein.

Ein Pastor im Pastorenrock
Hält in der Hand den Hut,
Schaut sinnend von dem Landungsbock
Am Strandbad in die Flut.
Sieht da so manches schöne Bild
Und manchen Badegast.
Vor Freude jedem 's Herze schwillt,
Wenns Badekleid hübsch paßt.
Das Baden macht viel Freud'
Für klein und große Leut'.
Wenn ich nur nicht müßt Pastor sein,

Wie gern spräng' ich hinein.
Das Schöne von dem Strandbad läßt
Sich nicht in Wort und Bild,
Auch wenns ein Photograph hält fest,
Sich schildern wie man's fühlt.
Bedürfnis war's und angebracht,
Man hört es oft genug,
Auch der Beweis ist längst erbracht
Durch täglichen Besuch.
Weil's wer es sieht, nur lobt —
Ob Konkurrenz auch tobt —
In Schierstein an des Bades Strand
Ist ein wahres Märchen=Wunderland.

Das Strandbad zieht zu großer Heerd'
Die Masse Fremde an
Daß jetzt schon viertelstündlich fährt
Hierher die Straßenbahn,
Den Leuten wird das Strandbad lieb,
Sie fahren hin und her
Mit 4 Motorboot im Betrieb
Und 100 Nachen mehr.
Man fühlt's mit hoher Lust
Verjüngt sich jede Brust
Wer schwimmt im Rhein, der sieht es ein
Im schönen grünen Rhein.

Wer mit dem Boot fährt in den Strom
Sieht schon von weitem schön,
Badgäste unterm Himmelsbom
Vergnügt ins Strandbad geh'n,
Da ist der Mensch dem Menschen gleich
Von Klassen keine Spur,
Und keiner arm, doch jeder reich
An Freuden der Natur.
Da stellt der Mensch sich wahr
Als Schöpfungskrone dar.
Drum ist's im Strandbad wirklich fein,
In Schierstein an dem Rhein.

Schierstein 4. Sept 1913

Abb. 58: Schiersteiner Strandbadlied von Ludwig Ehrengart

Rhein und im Hafen in Schierstein ca. 8000 bis 10000 Badende tummelten, drängte sich dieser Ort geradezu auf, hier eine der ersten Stationen zu errichten. Ein geeigneter Platz, die Westspitze der Bismarksaue an der Hafeneinfahrt, mit Sicht auf den Rhein von Biebrich bis fast nach Eltville und über den gesamten Hafen, war bald gefunden. Am 2. Mai 1929 konnte hier die erste feste DLRG-Station eingeweiht werden. Hans Moritz zog als erster Lebensretter vom Dienst in den neu errichteten roten Holzbau ein. Diese Station mauserte sich zum DLRG-Schaufenster und zum Vorzeigemuster für weitere Stationen.

Abb. 59: Fröhliches Badetreiben im Strandbad um 1920

Nach dem 2. Weltkrieg wurde das Schiersteiner Strandbad erst 1951 wieder eröffnet, und die Badegäste kamen erneut in Scharen auf die romantische Insel. Die Besucherzahlen der Vorkriegsjahre konnten jedoch nie mehr erreicht werden. Nicht der Zahn der Zeit, der durch die jährlichen Hochwasser an den Grundfesten des Holzhauses nagte, brachte das „Aus" für den Badebetrieb auf der Insel, sondern ein Gutachten des Frankfurter Hygiene-Institutes, welches das optisch schon stark verunreinigte Rheinwasser chemisch und bakteriologisch mit Abwasser verglich. Am 11. April 1962 kündigte daraufhin eine Schlagzeile im Wiesbadener Kurier das Ende des Badebetriebes an.

Das Freizeitparadies blieb aber von nun an als Luft- und Sonnenbad sowie als Zeltplatz für Campingfreunde erhalten. Kurz darauf verstarb der langjährige Schiersteiner Bademeister Willi Steinheimer. Später mußte auch das inzwischen leerstehende und baufällig gewordene große Badehaus abgerissen werden. Eine Abbruchfirma verbrannte am 28. Juli 1970 die hölzernen Überreste und wie zum Abschied zog eine gewaltige Rauchwolke des riesigen Feuers über Schierstein.

Da die Aue nicht nur bei den Campern, Freizeitsportlern und Wasserwanderern, die hier vor Anker gingen, nach wie vor beliebt war, errichtete man noch im gleichen Jahr an der Stelle des ehemaligen Badehauses ein Insel-Café.

Abb. 60: Das Inselcafé ersetzt 1975 das alte Badehaus

Hier war es den Besuchern, die mit dem Zubringer-Schiff „Tamara" vom Schiersteiner Hafen auf die Insel kamen, möglich, fernab vom Autoverkehr, beim Mittagessen oder bei einer Tasse Kaffee die Freizeitsportler und den regen Schiffsverkehr auf dem Rhein zu beobachten. Dennoch drohte dem Freizeitgelände immer wieder die Schließung. Die Bezirksdirektion für Forsten und Naturschutz in Darmstadt hätte die Insel, wegen des überwiegenden Naturschutzbereiches, am liebsten ganz für den Besucherverkehr geschlossen, obwohl das Freizeitgelände so von dem Naturschutzgebiet abgegrenzt war, daß keine Störung durch Besucher stattgefunden hat. Ferner waren die Zuschußkosten für die Stadt zu hoch, so daß auch deshalb eine Schließung der Aue ins Auge gefasst wurde. Erst durch einen Kompromiß mit den protestierenden Campern, die sich zu einem Verein zusammenschlossen und bereit waren, einen Teil der notwendigen Arbeiten, wie Rasen mähen, Müllbeseitigung, Fäkalienentsorgung u. a. freiwillig zu übernehmen, konnte das romantische Erholungsgebiet Rettbergsaue mitten im Rhein bis heute für die Öffentlichkeit erhalten werden.

Die Rathäuser

Im Jahre 1275 nahm in unserem Dorf ein Centgericht seine Arbeit auf. Das Ortsgericht, welches aus dem Schultheißen, sieben Schöffen und einem Gerichtsschreiber bestand, waltete bereits im 14. Jahrhundert seines Amtes. Es war zuständig bei Ausfertigungen von Kauf-, Tausch- und Vergleichsverträgen, bei Vermögensinventarisationen, Nachlaß- beteiligungen, Grenzberichtigungen usw. Bei feierlichen Anlässen ver- sammelten sich die Mitglieder des Ortsgerichts in schwarzen Mänteln an der Linde in der Niedergasse (heute Zehntenhofstraße), wo „das Ge- richt allwege zu halten pflegt", wie es in einem Kaufvertrag vom 3. März 1355 heißt.

Bereits 1566 konnte sich die Schiersteiner Gemeinde ein Rathaus leis- ten und die Verwaltung unter ein Dach bringen. Dieses alte Rathaus steht noch heute in der Kettenbornstraße 3 und gehört der Familie Ambrosius (Textilhaus Ambrosius). Es dürfte wohl das älteste Haus in unserem Stadtteil sein.

Abb. 61: Das alte Rathaus von 1566 in der Kettenbornstraße

Gemeinsam mit der schräg gegenüber 1609 gebauten Gemeindeher- berge „Zum Reichsapfel" hat es den 30-jährigen Krieg fast unbeschadet überstanden. In der Mitte des Daches befand sich damals noch ein vier- eckiges Türmchen, in das 1609 eine Uhr mit Glocke eingebaut wurde, die ein Glöckner der Kirche mit zu pflegen und zu stellen hatte. Aus einer Rechnung von 1699 geht hervor, daß die neue Uhr 34,- fl (Gulden), die Glocke 33,- fl und die dazugehörigen Drahtseile 9½ fl gekostet haben. Für die gesamte Installation berechnete der Handwerker 4,- fl und 10 alb (Albus).

Da die allgemeine Verwaltung nicht alle Räumlichkeiten benötigte, zog am 24. August 1819 eine Schulklasse in einen der Räume ein. Wegen der damaligen Schulraumnot in der Gemeinde stellte man der Schule später noch einen zweiten Raum im ersten Stock des Rathauses zur Verfügung.

Als jedoch im Jahre 1845 ein Knistern und Krachen im Gebälk zu vernehmen war, befürchtete man, das Haus könnte zusammenbrechen und räumte es umgehend. Offenbar war diese Eile unbegründet, denn nach über 400 Jahren ist das Haus noch immer bewohnt und befindet sich dank der guten Pflege heute noch in einem sehr guten Zustand. Ab diesem übereilten Auszug mußte die Gemeindeverwaltung improvisieren. Die Ortspolizei und ein weiterer Verwaltungszweig wurden in der „Alten Schule" untergebracht, der Gemeinderat tagte im Haus der Witwe Poths (heute Reichsapfelstraße 12). Als Jahresmiete mußten allein für die Räume im Hause Poths 100 Taler gezahlt werden. Wegen diesen Kosten und der Raumnot war Abhilfe dringend erforderlich. Die Gemeinde kaufte daher 1896 das Haus Wilhelmstraße 25 (heute Möwen-Apotheke[9], Reichsapfelstraße 26) und verlegte den Amtssitz auch sofort dorthin. Da eine Baukommission kurze Zeit später das Haus inspizierte und Bedenken wegen Schwamm anmeldete, kam es zu einem Rechtsstreit mit dem Verkäufer, einem Rentner mit Namen Berges aus Frankfurt am Main, der sich schließlich bereit erklärte, das Haus zurückzunehmen und den bereits gezahlten Kaufpreis von 30000,- Mark wieder zurückzuerstatten. Die Gemeindeverwaltung verblieb aber weiterhin als Mieter in diesem Haus. Nachdem im Gemeinderat sowohl der Ankauf eines Hauses als auch der Neubau erneut beraten worden waren, überreichte Gemeinderatsmitglied Johann Jacob Söhnlein am 10. Juli 1897 dem damaligen Bürgermeister Karl Lehr eine Eingabe. Darin warnte er davor, wiederum ein altes Haus – wie bereits in der Vergangenheit geschehen – zu kaufen, sondern forderte, ein neues Rathaus zu bauen, das zumindest für die nächsten fünfzig Jahre groß genug wäre. Gleichzeitig führte er einige, ihm geeignet erscheinende, günstige Bauplätze auf, unter denen sich auch der Platz befand, auf dem das heutige Rathaus steht.

Abb. 62: Rathaus in der Karl-Lehr-Straße 6

Johann Jacob Söhnlein sorgte außerdem dafür, daß Gemeinderat und Gemeindevertretung sehr zügig über seine Eingabe verhandelten. Bereits am 13. November 1897 wurde von einer Kommission mit Bürgermeister Lehr an der Spitze vorgeschlagen, die damals projektierte Lehrstraße (heute Karl-Lehr-Straße) auszubauen und dort das neue Rathaus zu errichten. Am 5. März 1898 erhielt die Gemeinde vom Landrat die Mitteilung, daß die Genehmigung des Regierungspräsidenten für den Rathausneubau vorläge. Nach Einreichung des Kostenvoranschlages in

Abb. 63: Das alte Rathaus in der Kettenbornstraße von vorne

Höhe von 35687,50 Mark erteilte der Landrat am 20. Mai 1898 die Bauerlaubnis.

Bereits am 28. Juli 1898 erfolgte in Gegenwart des Landrates, der Gemeindevertretung, der beiden Geistlichen und der Lehrer der Volksschule Schierstein die Grundsteinlegung. Wie es nach alter Sitte Brauch war, wurden verschiedene Dokumente und Münzen in den Grundstein eingemauert. Bürgermeister Lehr gab einen geschichtlichen Rückblick auf die Entwicklung Schiersteins ab und wies in seiner Rede auf die Bedeutung des Baues hin. Die statische Berechnung stammte vom Schiersteiner Architekten Philipp Nicolay. Da der Bau planmäßig und zügig voranging, konnte am 4. April 1899 die feierliche Einweihung erfolgen. Bürgermeister Lehr betonte in seiner Ansprache, daß es gälte, die Interessen der Gemeinde mit Treue und Eifer zu vertreten und Gerechtigkeit nach allen Seiten, ohne Ansehen der Person, zu üben. Mit einem Festessen im „Deutschen Kaiser" (heute „Deutsches Haus", Söhnleinstraße 1) wurde die Feier abgeschlossen.

Zurück zum alten Rathaus. Die Eltern der heutigen Besitzer, Julius Ambrosius und dessen Ehefrau Elise, erwarben das Haus 1891 zu einem Preise von 7750,- Mark von der Weinhandlung und Flößerei Adam Messerschmidt in Kastel. Bei der Besichtigung des Hauses fiel ein kleiner Raum im hinteren Teil des Erdgeschosses auf, der zur Rathauszeit als Stimpert oder Arrestzelle diente. Das Fenster ist heute noch mit dicken Eisenstäben vergittert und der eiserne Klappladen befindet sich ebenfalls noch heute vor dem Gitter. Außerdem ist es sehr ungewöhnlich, daß ein so kleiner Raum im Erdgeschoß eine Gewölbedecke trägt.

Ganz in der Nähe des alten Rathauses war auch der Gemeindebrunnen, aus dem das Wasser mit einem Eimer, der an einer langen Kette hing, nach oben geholt wurde. Auf diesen Brunnen ist der heutige Straßenname „Kettenbornstraße" zurückzuführen.

Der Weinbau in Schierstein

Anfänglich habe ich schon darauf hingewiesen, daß im frühen Mittelalter der Schiersteiner Wein sehr bekannt und begehrt war, man könnte sogar „berühmt" sagen, denn in der Straßburger Chronika ist folgendes zu lesen:

> „Schierstein ist über eine starke Stunde von der Stadt, liegt am Rhein, ist ein großer Ort und sind viele Güter daselbst, sonderlich ein Maynzischer Zehnd-Hof hat schöne Felder, Wiesen und Weinberge. Der dasige Wein ist sehr gesund und gut für das Gries und nach der gemein Erfahrung der allergesundeste unter allen Rheinweinen, welche doch durchgehends vor die allerbesten in ganz Europa gehalten werden, daher derselbe weit und breit abgeholt wird."

Wie bekannt damals der Schiersteiner Wein wirklich war, können wir uns heute kaum noch vorstellen. Ein lückenloser Nachweis für den Schiersteiner Weinanbau kann aufgrund der Schenkungsurkunde des Kaisers Otto II. vom 18. September 973 erbracht werden und daher feierten wir 1973 ein echtes Weinjubiläum „1000 Jahre Schiersteiner Wein".

In einem Pachtvertrag des Mainzer Stephansstiftes, welches 1602 seine vier Morgen Weinland in Schierstein auf 14 Jahre an drei Familien verpachtet hatte, ist wörtlich zu lesen:

> „Sie sollten alle Manns- und Weibsarbeit zur rechten Zeit verrichten, keine gesunden, tragbaren Stöcke ausgehen lassen und anstatt der abgestorbenen Stöcke neue einziehen, auch alle wüsten Plätze und Lücken binnen der nächsten vier Jahre mit guten **Rußlingtrauben** besetzen."

Dies ist bisher der älteste Beleg für den Anbau von Riesling in den Schiersteiner Weinbergen.

Von den ehemals 500 Morgen Anbaufläche ging durch die ständigen Kriege, Durchmärsche von Truppen und Einquartierungen immer mehr Weinland verloren. Die große Not und das Elend brachte die Einwohner dazu, immer mehr zu dem schnell wachsenden Feldfrüchteanbau überzugehen. Vor allem im 30-jährigen Krieg (1618–1648) verstarben viele Einwohner im Elend und an der Pest, so daß ein großer Teil der Weinberge verwilderte und brach lag.

Doch bereits im Jahre 1790 wird der heimische Anbau wieder auf ca. 250 Morgen betrieben, der aber infolge von Mißernten und schlechter Pflege erneut zurückging. Auch die Kriege im 19. Jahrhundert und die beiden Weltkriege im 20. Jahrhundert sowie das Sterben der landwirtschaftlichen Betriebe in der Nachkriegszeit waren für den Weinbau hier auch nicht gerade förderlich. Heute werden ca. 120 Morgen in den Weinlagen „Hölle" und „Dachsberg"[10] bearbeitet.

Schiersteiner Lied

Kommst du aus weitem fernen Land, kehre am Rheine ein!
Ist dir dein Weg noch unbekannt, laß mich dein Führer sein!
Denn ich weiß, wo ein Städtchen ist, wo du die Sorgen der Welt vergißt.
Alles ist da, Wein perlenklar. Strahlende Augen der Mädchen so blau,
fröhliches Treiben auf Hafen und Au, und der Backfisch mundet so gut,
Wanderer, Wanderer, sei auf der Hut!

Refrain:
Schierstein am Rhein, du Pforte zum Rebenland,
hell schäumt dein Wein, kredenzt von zartester Hand!
Murmelnde Wellen spiegeln des Mondes Licht,
rauhe Fischergesellen singen von Liebe und Pflicht.

Lachende Menschen grüßen dich, laden zum Bleiben ein!
Rheinische Mädchen küssen dich, werden auch treu dir sein!
Und aus der Höhe klappert, horch, ein Grüß Gott der Altvater Storch.
Höre mein Wort, geh nimmer fort!
Nirgendwo bist du so reich wie am Rhein,
morgen schon kannst du ein Bettelmann sein!
Nur der Wein schafft Leben und Mut,
Wanderer, Wanderer, sei auf der Hut!

Refrain:
Schierstein am Rhein, du Pforte zum Rebenland,
hell schäumt dein Wein, kredenzt von zartester Hand!
Murmelnde Wellen spiegeln des Mondes Licht,
rauhe Fischergesellen singen von Liebe und Pflicht.

Ahoi!

Text von Karl Steinheimer †
Musik von Karl Arnold

Impressum

Text: Robert Schäfer
Bilder: Heimatmuseum Wiesbaden-Schierstein

Gestaltung, Satz, Umbruch, Bildbearbeitung sowie herstellerische Betreuung:

Erste Auflage: Alois Winter Werbung & Herstellung, Wiesbaden
Zweite Auflage: Walter Richters, Wiesbaden-Schierstein

Druck der zweiten Auflage: Books on Demand

Quellennachweis:

Hauptstaatsarchiv Wiesbaden

Stadtarchiv Wiesbaden

Schiersteiner Leben

125 Jahre Schiersteiner Hafen
Programmheft „Hafen" von Robert Schäfer

Schiersteiner Wein seit 1000 Jahren von Albert Weber

Danksagung für die erste Auflage:

Für die finanzielle Unterstützung der Firma Dow Corning Wiesbaden-Schierstein, dem Verkehrsverein Wiesbaden-Schierstein e.V. und dem Verein Schiersteiner Heimatmuseum, Wiesbaden-Schierstein e.V.

Für die Hilfe schriftlicher Art an Frau Helgard Heitmar und Frau Patrizia Roth.

Stand: 01.07.2021

Verzeichnis der Abbildungen

VERZEICHNIS DER ABBILDUNGEN

Anmerkungen

1 Buhnen
2 Die Saarbrücker Allee heißt dort inzwischen Storchenallee
3 Mehr dazu im Internet unter
  usarmygermany.com/USAREUR_Rhine%20River%20Patrol.htm
4 Inzwischen Verschönerungsverein Schierstein e.V.
5 Siehe auch www.flusspioniere-schierstein.de
6 Spitz zulaufendes, dreieckiges Grundstück
7 Der Brunnen wurde dort inzwischen abgebaut und befindet sich
  jetzt in der „Marina Dauster" an der Dieter-Horschler-Promenade
8 Brassen
9 Die Möwen-Apotheke wurde 2020 geschlossen
10 Die Lage „Dachsberg" ist inzwischen Teil der Lage „Hölle"